यानोश आरन्य : कथागीत एवं कविताएँ

यानोश आरन्य

कथागीत एवं कविताएँ

सम्पादक

मारगित कोवैश

राजकमल प्रकाशन

राजकमल प्रकाशन

ARANYKOR
HAZA·SZERETET·MŰVÉSZET

MINISTRY OF
FOREIGN AFFAIRS AND TRADE
OF HUNGARY

Balassi
Institute

ISBN : 978-93-87462-18-2

मूल्य : ₹ 350

पहला संस्करण : 2018

प्रकाशक : राजकमल प्रकाशन प्रा. लि.
1-बी, नेताजी सुभाष मार्ग, दरियागंज
नई दिल्ली-110 002

शाखाएँ : अशोक राजपथ, साइंस कॉलेज के सामने, पटना-800 006
पहली मंजिल, दरबारी बिल्डिंग, महात्मा गांधी मार्ग, इलाहाबाद-211 001
36 ए, शेक्सपियर सरणी, कोलकाता-700 017

वेबसाइट : www.rajkamalprakashan.com
ई-मेल : info@rajkamalprakashan.com

मुद्रक : बी.के. ऑफसेट
नवीन शाहदरा, दिल्ली-110 032

JÁNOS ARANY : KATHAGEET EVAM KAVITAYEN
Poems by János Arany
Edited by Dr. Margit Köves

किताब का प्रकाशन 'विचरते हैं पक्षी, शाखों-शाखों पर/लबों-लबों पर गीत है गूँजता' परियोजना का भाग है, जिसके प्रकाशन हेतु हंगेरियन विदेश मंत्रालय के 'गेस्ट टीचर्स फॉर हंगेरियन कल्चर 2017' ने आर्थिक सहयोग प्रदान किया है।

नवीना और विवान सुंदरम का अमृता शेरगिल के 1924 में पिरोश्का और तोल्दी की मुलाकात के बारे में बनाये हुए चित्र को किताब के मुख पृष्ठ के रूप में इस्तेमाल के अधिकार के लिए, और 'इश्तिहार', नई दिल्ली का आवरण के लिए आभार।

यानोश आरन्य : कृतित्व एवं व्यक्तित्व

यानोश आरन्य (1817-1882) महान हंगेरियन कवि हैं और इस साल हंगरी यानोश आरन्य की दो सौवीं जयन्ती मना रहा है। कवि, निबन्धकार, आलोचक और अनुवादक यानोश आरन्य के इस संग्रह *कथागीत एवं अन्य कविताएँ* में कथागीत, महाकाव्य और कविताओं के अंश प्रस्तुत हैं। सुरेश सलिल, इन्दु मज़लदान, इन्दुकान्त आंगिरस, हिमानी पाराशर और इन्दरप्रीत कौर ने इनकी कविताओं का अनुवाद किया है। ये चुनी हुई कविताएँ रचना-तिथि क्रमानुसार प्रस्तुत हैं। यानोश आरन्य ने 1840 के दशक में कविता लिखना आरम्भ किया था। शान्दोर पैतोफ़ि (1823-1849) के साथ हंगरी के राष्ट्रीय कवि के रूप में उनकी मान्यता है।

यानोश एक संगीतकार भी थे। हंगेरियन संगीत मंडली 'कलाका' भारत भ्रमण पर दिसम्बर 2017 में आ रही हैं। यानोश आरन्य की कविताओं को हंगरी तथा विदेश में इस मंडली में प्रस्तुत किया है।

आरन्य की रचनाओं का अनुवाद अत्यन्त कठिन है क्योंकि इनकी शब्द सम्पदा अन्य हंगेरियन कवियों के मुकाबले अधिक सम्पन्न है, इन्होंने अपनी रचनाओं में साठ हज़ार से अधिक शब्दों का प्रयोग किया है।

आरन्य पारिवारिक नाम का अर्थ है स्वर्ण। इनका नाम कई कविताओं में मज़ाक के रूप में दिखता है और ये यानोश आरन्य और शान्दोर पैतोफ़ि के पत्राचार में भी नज़र आता है जहाँ पैतोफ़ि अपने मित्र को "मेरा स्वर्ण, मेरा दिल" कहते हैं।

आरन्य परिवार हंगेरियन सामाजिक वर्ग 'हायदु' से आया है। यह एक ऐसा समुदाय है जो अपनी जीविका पशुओं की चराई और सैनिक के रूप में अर्जित करते हैं। पूर्व-यूरोपीय इतिहास में हायदु स्वतंत्रता सेनानी भी थे।

उत्तर-पूर्व हंगरी में एक भाग है जिसका नाम 'हायदु बिहार' है और इसका केन्द्र दैब्रैत्सैन शहर है।

आरन्य का जन्म 2 मार्च, 1817 को नाज्यसालोन्ता में हुआ था। इस शहर की स्थापना (1606 में) राजा ईश्त्वान बोच्कोई ट्रानस्लिवेनियन ने की थी, जब इन्होंने तीन सौ हायदु को नाज्यसालोन्ता में बसा दिया था। आरन्य की कविताओं में अभी भी इन स्थानों का नाम सामने आता है जैसे *घरेलू गुफ्तगू* कविता में 'चोंकातोरोन्य' का ज़िक्र है। आरन्य का तीन भागों में बँटा महाकाव्य *तोल्दी* भी इसी क्षेत्र से सम्बद्ध है। हमारे संग्रह में महाकाव्य में से एक भाग लिया गया है। इस भाग पर आरन्य ने 1846-1879 तक कार्य किया था। अमृता शेरगिल जब ग्यारह वर्ष की थीं तब 1924 में उन्होंने पिरोश्का और तोल्दी की मुलाक़ात के बारे में एक चित्र बनाया था। यही चित्र किताब का मुख पृष्ठ है। इस चित्र के लिए हम नवीना और विवान सुन्दरम के आभारी हैं।

आरन्य के माता-पिता के नौ बच्चे थे लेकिन केवल यानोश आरन्य और इनकी बहन ही जिये। बहन यानोश से उम्र में बड़ी थीं और यानोश के जन्म के समय शादीशुदा थीं। जब यानोश आरन्य का जन्म हुआ तब इनकी माँ पैंतालिस वर्ष की थीं और ये तब अपने पुत्र को अपना दूध पिलाने में असमर्थ थीं। इसलिए इनकी बड़ी बहन ने जिनका पहले से ही एक नवजात शिशु था, माता-पिता के साथ रह कर ही अपने छोटे भाई को अपना दूध पिलाया।

आरन्य ने लिखना और पढ़ना बहुत जल्दी सीखा। उनके पिताजी ने उन्हें चूल्हे की राख से लिखना सिखाया। इनको बचपन में ऐतिहासिक और मिक्लोश की कथाएँ अत्यधिक प्रिय थीं। ये कथाएँ 17वीं-18वीं शताब्दी की भाषा में रचित थीं और यानोश आरन्य को ये भाषा इतनी पसन्द आई कि ये काफ़ी दिनों तक भाषा सुधार के आन्दोलन के अन्तर्गत नई भाषा का प्रयोग नहीं करना चाहते थे।

आरन्य ने नाज्यसालोन्ता में शिक्षा ग्रहण की। अपने माता-पिता को आर्थिक सहयोग देने एवं अपनी आगे की शिक्षा को पूर्ण करने के लिए 1833 में सहायक अध्यापक बने। 1833 में इन्होंने अपनी उच्च शिक्षा के लिए दैब्रैत्सैन विश्वविद्यालय में प्रवेश किया। इससे पूर्व ये जर्मन और फ्रांसीसी भाषा का ज्ञान अर्जित कर चुके थे। 1836 में अपनी पढ़ाई को छोड़ कर ये

दैब्रेत्सैन की नाट्य मंडली के अभिनेता बने। कुछ समय बाद यह नाट्य मंडली दिवालिया हो गई और बन्द हो गई और फिर आरन्य नुक्कड़ नाटकों के अभिनेता बने।

1840 में हंगरी के पहले स्थायी रंगमंच की स्थापना हुई। जब आरन्य नाट्य मंडली के सदस्य थे तब वे शेक्सपीयर के नाटकों से अधिक प्रभावित हुए और अंग्रेज़ी भाषा सीखने के बाद इन्होंने शेक्सपीयर के कई नाटकों का अनुवाद हंगेरियन भाषा में किया। यानोश आरन्य को 'कथागीतों का शेक्सपीयर' भी कहते हैं। अपने समकालीन मोर योकाई और पैतोफ़ि की तरह यानोश आरन्य ने कला और संगीत में भी रुचि ली लेकिन अन्ततः इन्होंने लेखन का निर्णय लिया।

विद्यालय छोड़ने के बाद जब यह अभिनेता बने तो सपने में इन्होंने अपनी मां को मृत देखा। यह देख ये तुरंत ही नाज्यसालोंता अपने घर गए और देखा कि इनके पिताजी अंधे हो चुके थे और उसके कुछ समय पश्चात इनकी मां का देहांत हो गया।

आरन्य क्लर्क बन गए और कई सालों तक दफ़्तर में ही कार्य किया; पहले नाज्यसालोंता में, बाद में स्वतंत्रता संग्राम, और फिर मंत्रालय में कार्य किया। 1860–1865 तक किश्फालुदी संस्था में और 1865 के बाद हंगेरियन अकादमी ऑफ साईंसिज़ में मुख्य सचिव रहे। आरन्य को अहसास हुआ कि अपनी ज़िंदगी का अधिकांश समय कार्यालयी कार्यों में ही व्यतीय कर दिया और इनकी अपनी परियोजना और अन्य कार्य अधूरे ही रह गए। ये एक स्वतंत्र कवि के रूप में अपना जीवन व्यतीत करना चाहते थे। *और अन्त में* कविता में यही इन्होंने दर्शाया है।

1840 में उन्होंने युलियाना एर्चेई से विवाह किया और इनके दो बच्चे हुए। बेटी का जन्म 1841 में हुआ तथा बेटे का जन्म 1844 में हुआ। आरन्य ने अपनी कविताओं में अपने बच्चों का काफ़ी ज़िक्र किया है। 1865 में इनकी बेटी का देहांत हो गया जिसके कारण ये लगभग मरने की कगार पर थे। इसके बाद इनके बेटे लास्लो ने इनके कुछ पत्रों को प्रकाशित किया। लास्लो खुद भी एक कवि और लेखक बने। लास्लो का उपन्यास *मरीचिका के नायक* काव्यात्मक उपन्यास शैली में है, काव्यात्मक शैली के उपन्यास को हंगेरियन साहित्य में लास्लो ने ही स्थापित किया।

इस युग में हंगरी आस्ट्रियन साम्राज्य के अधीन था। 1825–1848 तक राजनीतिक सुधार का युग चला और राजनीतिक हकों, आर्थिक, व्यापारिक व प्रेस की स्वतंत्रता के लिए संघर्ष चला। सांस्कृतिक आंदोलन का असर नाज्यसालोन्ता में भी देखने को मिला। यानोश आरन्य ने यानोश ऐरदेयी *लोक काव्य के बारे में* (1842) और पैतोफ़ि की कविताओं को *पैश्त फैशन* नाम के पत्र में उन्हीं दिनों पढ़ा।

इनका पहला काव्य *खोया हुआ संविधान* व्यंग्यात्मक शैली में लिखा हुआ है जिसको किश्फालुदी साहित्यिक संस्था से प्रथम पुरस्कार मिला। *खोया हुआ संविधान* यानोश आरन्य की निराशा को प्रतिबिंबित करता है। ये चुनाव के दौरान हुई उथल–पुथल की निंदा करते हैं तथा राजनीतिक कार्यों में अनुभवों को दर्शाते हैं।

1846 में जब किश्फालुदी साहित्यिक संस्था का नया विज्ञापन प्रतियोगिता के लिए निकला तब यानोश आरन्य ने अपना महाकाव्य *तोल्दी* प्रस्तुत किया। *तोल्दी* महाकाव्य ने किश्फालुदी साहित्यिक संस्था में और अन्य दूसरे मंडलों में उत्साह पैदा किया। *तोल्दी* महाकाव्य पैतोफ़ि के *वीर यानोश* की तरह एक लोक पात्र प्रस्तुत करता है। आरन्य ने *तोल्दी* का कार्य जीवन में जारी रखा और *तोल्दी का प्यार* 1879 में पूरा हुआ। *तोल्दी* महाकाव्य ने आरन्य को पैतोफ़ि की मित्रता भी दी। जब *तोल्दी* महाकाव्य 1847 में पैतोफ़ि ने पहली बार पढ़ा तब उन्होंने तोल्दी महाकाव्य के रचनाकार के लिये शीर्षक कविता लिखी। पैतोफ़ि ने यह कविता यानोश आरन्य को चिट्ठी द्वारा भेजी और इसी चिट्ठी में उन्होंने अपने काव्यात्मक सिद्धांत उनसे साझा किए :

"आपको बधाई

मैंने *तोल्दी* महाकाव्य आज पढ़ा और ये कविता लिखी जो कि ये *ज़िन्दगी का आईना* पत्र में प्रकाशित होगी, पर मैं आपसे अपना उत्साह, आश्चर्य और खुशी बाँटना चाहता हूँ जो इस महाकाव्य से मुझमें पैदा हुई। लोक काव्य ही वास्तविक काव्य है। हमें ऐसा कुछ करना है कि यह साहित्य में शासन करे, अगर लोगों की सत्ता कविता के ऊपर होगी तो वे राजनीति में भी शासन करने के बहुत नज़दीक होंगे। और ये हमारी शताब्दी के मुख्य लक्ष्य हैं; इनके लिए संघर्ष करना सभी सुविचार वाले व्यक्तियों का लक्ष्य है। जो ये देखकर उदास

हैं कि करोड़ों लोग कैसे पीड़ा सहते हैं ताकि कुछ हज़ार आराम कर सकें और मज़े कर सकें। निम्न वर्ग को स्वर्ग में जाना है और उच्च वर्ग को नरक में। लिखो अगर तुम आलसी नहीं हो, कुछ भी, सब कुछ, तुम्हारी उम्र क्या है? तुम शादीशुदा हो या अविवाहित, गोरे हो या साँवले, लम्बे हो या छोटे मैं सब कुछ जानना चाहता हूँ।

अलविदा

तुमको बिन देखे तुम्हारे बारे में बिना सब कुछ जाने तुम्हारा प्रिय मित्र शान्दोर पैतोफ़ि।''

आरन्य इसका उत्तर सादगी और शालीनता के साथ देते हैं :

''मैं एक क्लर्क के पद पर हूँ, छोटे से वेतन के लिए दस घंटे कार्य करता हूँ। बाक़ी का समय मैं अपनी पत्नी, दो बच्चों और होमर और शेक्सपीयर के सान्निध्य में व्यतीत करता हूँ।''

1847 जून में पैतोफ़ि आरन्य परिवार से मिले और नौ दिन उनके साथ बिताए और एक कविता आरन्य के बेटे के लिए लिखी। पैतोफ़ि ने शादी की थी और सितम्बर में आरन्य परिवार से मिलने आए थे। जब इनके बेटे ज़ोल्तान का जन्म हुआ तब आरन्य और इनकी पत्नी इनके बेटे के लिए गॉड फादर और गॉड मदर बने। पैतोफ़ि, यानोश आरन्य और मिहाय तोंपा की टोली साहित्य में क्रान्ति लाना चाहती थी।

1848–1849 में क्रान्ति और स्वतंत्रता के संघर्ष के दौरान आरन्य ने आन्तरिक मामलों के मंत्रालय में क्लर्क के पद पर कार्य किया और समाचार पत्र *जनता के दोस्त* के सम्पादक भी रहे। स्वतंत्रता संघर्ष में हारने के बाद 1849 अगस्त में आरन्य की नौकरी छूट गई और सरकारी आवास भी।

इनका दोस्त पैतोफ़ि भी स्वतंत्रता संग्राम की आख़िरी लड़ाई के दौरान शहीद हो गया। आरन्य ने पूरा जीवन अपने मित्रों के शोक में व्यतीत किया। आस्ट्रियन राजा ने युलियुस फोन हायनाऊ को आस्ट्रियन सेना का सेनापति नियुक्त किया। हंगेरियन स्वतंत्रता संग्राम के दबाव के बाद हायनाऊ को असीमित शक्ति मिली और क्रान्तिकारियों के साथ क्रूरतापूर्ण बर्ताव किया गया। हायनाऊ के इस्तीफ़े के बाद आस्ट्रिया के आन्तरिक मामलों के मंत्रालय

के मंत्री बाख़ थे। हंगरी आस्ट्रियन केन्द्रित राज का एक भाग था। वे सेंसरशिप और जर्मन संस्कृति और भाषा को स्थापित करना चाहते थे और हंगेरियन भाषा और संस्कृति को सीमित करना चाहते थे।

राष्ट्रीय आभिजात्यवाद

हंगरी में उस समय एक संघर्ष चला जिसके अन्तर्गत हंगेरियन संस्कृति एवं साहित्य की स्वायत्त और जीवन्त सांस्कृतिक जड़ों का महत्त्व प्रस्तुत किया गया। इन प्रयासों में हंगेरियन राष्ट्रीय अभिजात वर्ग की भूमिका अहम रही। राष्ट्रीय आदर्श यानोश आरन्य और पैतोफ़ि के कार्यों में प्रकट थे, राष्ट्रीय आभिजात्यवाद, मौखिक परम्परा और साहित्यिक कार्य में जनता, किसान और अन्य सामाजिक समूहों को शामिल किया गया। ये अठारहवीं शताब्दी में शुरू हुआ और पैतोफ़ि और यानोश आरन्य के कार्यों में प्रभावशील रहा। पचास, साठ और सत्तर के दशक में पाल ज्युलोई (1826–1909) किश्फालुदी साहित्यिक संस्था के अध्यक्ष थे और बुदापैश्त विश्वविद्यालय के प्राध्यापक रहे। पैतोफ़ि की मृत्यु के बाद पचास, साठ और सत्तर के दशक में राष्ट्रीय आभिजात्यवाद के प्रस्तुत होने के बाद आरन्य की कविताओं में परिपक्वता आई जोकि उनकी लघु कविताओं और अनुवाद कार्य में दृष्टिगोचर होती है।

नाज्यकोरोश में स्थायी कार्य मिलने से पूर्व उन्हें तिसा परिवार में अध्यापन का कार्य मिला।

इस संग्रह में संकलित अधिकतर कविताएँ पचास के दशक में रची गई थीं मसलन *करार, मूँछ* और *वो भी क्या दिन थे,* हालाँकि *विद्वान की बिल्ली* कविता का रचनाकाल सन् 1847 है।

स्वतंत्रता संग्राम की विफलता के बाद हंगेरियन साहित्यकारों ने काव्य अभिव्यक्ति के नए रूपों की तलाश की। यह तलाश राष्ट्रीय आभिजात्यवाद के लिए भी महत्त्वपूर्ण थी जिसके तहत हंगेरियन पारिवारिक हालात को एक आदर्श रूप में दर्शाया गया। 'घरेलू गुफ्तगू' कविता इसका एक उदाहरण है।

नाज्यकोरोश के कथा गीत

यानोश आरन्य ने कथा गीत को स्वतंत्रता संग्राम के बाद भी कठिनाइयों का सामना करने में एक सशक्त माध्यम समझा। स्वतंत्रता संग्राम के पहले भी जनमानस की हंगेरियन इतिहास में रुचि थी।

1850 के दशक में हंगेरियन ऐतिहासिक चेतना के निर्माण में यानोश आरन्य ने एक महत्त्वपूर्ण भूमिका अदा की। आरन्य ने ऐतिहासिक कथा गीतों की एक गीतमाला रचने की योजना बनाई लेकिन वे इस गीतमाला के केवल तीन बंध ही लिख पाए। हुन्यादी परिवार हंगरी के राष्ट्रीय हीरो थे। यानोश हुन्यादी ने बैल्ग्रेद के पास 1456 में तुर्कों को हराया और उनका बेटा मात्याश हंगरी के पुनर्जागरणकाल का प्रथम महान महाराज बना (1458-1490)।

आरन्य ने 1853 में अपने शिष्य दोमोकोश तिसा को एक पत्र लिखा जिसमें इन्होंने स्पष्ट किया कि कथा गीत ने स्वतंत्रता संग्राम की विफलता के बाद एक नई दुनिया के निर्माण में मदद की है। हंगेरियन स्वतंत्रता संग्राम की असफलता के बाद की भावनाएँ भारतीय असफल स्वतंत्रता संग्राम 1857 से मिलती-जुलती हैं।

"इन भावनाओं की अभिव्यक्ति कवि के लिए अत्यन्त दुष्कर कार्य है, इन भावनाओं को व्यक्त करने के लिए कवि को अलग व्यक्तित्व अपनाना पड़ता है। एक बड़े उद्देश्य के साथ इन गीतात्मक भावनाओं को प्रकट करना चाहिए, अपनी भावनाओं को गीतों में पिरोना आसान हो सकता है एवं दूसरों के भावों को नाटक अथवा महाकाव्य रूप में प्रस्तुत करना भी उतना कठिन नहीं है जितना कि उन भावों को गीतात्मक रूप में प्रस्तुत करना।"

मात्याश की माँ, ज़ाच क्लारा और *वेल्स के चारण कविताओं* में देखा जा सकता है कि इस तरह की अभिव्यक्ति यक़ीनन एक जटिल कला है।

कथा गीत की यह कला कई राजनीतिक परिस्थितियों में दर्द भरी चेतना दिखाती है और राष्ट्रीय लोकप्रिय कविता में आए बदलाव को भी दर्शाती है।

आरन्य ने कविता के एक नए रूप को स्थापित किया जिसे नाटकीय एकालाप के नाम से जाना जाता है। इस संग्रह में 'अनन्त यहूदी' एकलापी नाटक का उदाहरण है जो यहूदी के आधुनिक व्यक्तित्व को एक ख़ानाबदोश जनजाति के रूप में उजागर करती है।

महाकाव्य

सन् 1851 में आरन्य ने एक व्यंग्यात्मक महाकाव्य नाज्यईदा *के बंजारे* की रचना की जिसमें सन् 1848 की उथलपुथल को दर्शाया गया है। बंजारों का

नेता चोरी अपनी रणनीति नहीं बनाता है, इसलिए उनका भोजन और हथियार एकदम खत्म हो जाते हैं।

आरन्य ने इस महाकाव्य में लायोश कोशुत की आलोचना की लेकिन पाठकों ने इस आलोचना को लायोश कोशुत के विरुद्ध एक हमले के रूप में देखा।

सन 1850 में यानोश आरन्य की दूसरी रचनाएँ भी महाकाव्य से जुड़ी रहीं। आरन्य का विश्वास था कि हंगरी में पहले से ही महाकाव्य की परम्परा थी, बाद में वह टुकड़ों में रही अथवा लुप्त हो गई। इन्होंने इस क्षेत्र में काफ़ी शोधकार्य प्रकाशित किया। उदाहरणतः *हंगेरियन साधारण महाकाव्य* (1857)। महाकाव्य साहित्य की ऐसी विधा है जिसमें साधारण हंगेरियन जनमानस और हंगेरियन अभिजात वर्ग की चेतना को व्यक्त किया गया है। आरन्य के शोध के अनुसार लोक महाकाव्य में मूल पौराणिक हंगेरियन चेतना और उनकी सामूहिक संवेदनाएँ उजागर होती है। ये महाकाव्य एक सामूहिक रचना और इनकी मौलिकता हंगेरियन राष्ट्रीय भावनाओं की पहचान है।

सन 1859 में हंगेरियन अकादमी ऑफ़ साईंसिस में उनके उद्घाटन भाषण का शीर्षक था *ज़्रीन्यी और तस्सो*। मिक्लोश ज़्रीन्यी (1620-1664) ने *सिगत के हमले* (1651) नामक महाकाव्य की रचना की थी। इस महाकाव्य में इन्होंने सौ वर्ष पुरानी लड़ाई को दर्शाया और तस्सो ने *उत्तेजक ओरलांदो* एक इटेलियन महाकाव्य की रचना की जिस में दुश्मनों द्वारा किए गए हमलों का वर्णन है। आरन्य ने इन दोनों महाकाव्यों का तुलनात्मक अध्ययन किया और ज़्रीन्यी के महाकाव्य में वर्णित नाटकीय संवादों, संरचना और रूपकों को सराहा। आरन्य हंगेरियन साहित्य में लुप्त होते महाकाव्य को वापिस लाना चाहते थे।

आरन्य ने आत्तिला हूण के पत्रों के बारे में एक महाकाव्य लिखने का निर्णय लिया। इससे चाबा आत्तिला के बेटे का महाकाव्य भी जुड़ा हुआ था। उन्होंने इसको भी लिखने की योजना बनाई। *बुदा की मृत्यु* में कई ऐतिहासिक कथाएँ भी समाविष्ट थी। *बुदा की मृत्यु* और जर्मन भाषा का महाकाव्य *नीबेंलुगंन* समानांतर थे। *बुदा की मृत्यु* महाकाव्य में सारे आधुनिक तत्त्व थे : अपराध, सज़ा, घृणा और षड्यंत्र।

हमारे संग्रह में बुदा की मृत्यु के दो भाग हैं, प्रथम भाग *गाथा मायावी मृग की* जो छठा खंड है और दूसरा भाग *ईश्वर की तलवार* है, जोकि आरन्य के महाकाव्य के नौवें खंड पर आधारित है।

1870 में नया गीत

1870 के दशक में यानोश आरन्य फिर से कथा गीत की तरफ लौटे और कथा गीत को एक आधुनिक काव्यात्मक आख़्यान का रूप दिया। इनके कथा गीतों में अपराध और सज़ा मुख्य तत्त्व हैं। ये कथा गीत यानोश आरन्य की प्रतिभा के अनुकूल हैं : कथा निर्माण की क्षमता, नाटकीय अभिनय के प्रति उनका प्रेम, और मानवीय जीवन के दर्दनाक पहलुओं के प्रति उनकी संवेदनशीलता।

क़ातिल की शिनाख़्त (1877) कथागीत में नाटकीय अभिनय को संवाद के रूप में दर्शाया गया है, जबकि कहानी के अंश छिपे रहते हैं।

संवादों में आए अन्तराल तनाव को जाग्रत करते हैं और पाठकों को अपनी कल्पना के अनुसार रिक्त स्थानों को भरना पड़ता है। इस प्रकार बैनो बार्त्सी के क़त्ल में आबिगेल कुन्द का अपराधबोध स्पष्ट होता है। बैनो बार्त्सी एक राजसी पुरुष है जो अपने प्रेम को दर्शाने के लिए ख़ुदकुशी कर लेता है। संदिग्ध अपराधियों को लाश को देखने के लिए बुलाया जाता है। आरन्य ने इसमें एक समकालीन कानूनी कार्यवाही को उजागर किया है। सन् 1877 में ही कविता *लोकगान* का ढाँचा भी लगभग ऐसा ही है जिसमें कथा में अहम भागों को छिपाया है—मसलन, धोखा और क़त्ल जिसे पाठक की गहन दृष्टि के बिना समझना कठिन होगा।

पतझड़ के फूल

हंगेरियन अकादमी ऑफ़ साईंसज के मुख्य सचिव के पद से सेवानिवृत्त होने के बाद आरन्य ने एक गीतात्मक कविता संग्रह की रचना की।

सन् 1877–1880 में रचा कविता संग्रह *पतझड़ के फूल* बुजुर्ग कवि के आत्मनिरीक्षण, परित्याग एवं व्यंग्य को दर्शाता है। कविता *तानपुरानवाज़ बुज़ुर्गवार* भी इसी साल लिखी गई थी, *और अन्त में,* कविता, कवि के

जीवन यात्रा का सारांश और रचनाकार्य के प्रति उसके असंतोष को उजागर करती है। इस भावना का मूल कारण केवल उनकी अधूरी कविताएँ ही नहीं थी अपितु ज़बरन उनका राष्ट्रीय कवि बन जाना भी था। *और अन्त में* कविता में कवि ने अपनी परिस्थितियों को एक पिंजरा बताया और स्वयं को टूटे पंखों वाला पंछी।

कई भाषाओं की जानकारी एवं गहन अध्ययन के कारण आरन्य स्वयं को विश्व साहित्य एवं उसके परिवेश से जोड़ने में समर्थ रहे। अगर हम आरन्य की कविताओं में व्यक्त भारतीय तत्त्वों का वर्णन नहीं करेंगे तो भारतीय परिवेश में आरन्य का परिचय अधूरा ही रहेगा। उनकी कविता *योका का शैतान,* संस्कृत कथाग्रन्थ शुकसप्तति का रूपान्तर है। उन्होंने कालिदास के बारे में भी अत्यन्त उत्साह से लिखा।

सन् 1849 में स्वतंत्रता संग्राम की असफलता के बाद और सन् 1867 में राजनैतिक समझौता और ऑस्ट्रो-हंगेरियन सत्ता की स्थापना के बाद साहित्यिक पुनरुत्थान के लिए हंगेरियन कवियों को नई राहें, नए रूप और नए काव्यात्मक रुझान अपनाने पड़े। आरन्य राष्ट्रकवि के रूप में स्थापित हो चुके थे और उनकी रचनाओं में राष्ट्रीय अभिजात्य पहलू थे लेकिन उनकी रचनाओं में आधुनिक कविता की दिशा में उठे संकेत भी मिलते हैं।

अनुक्रम

तोल्दी का प्यार

Toldi szerelme

जैसे रुकती हैं किसी शिकारी की आँखें पशु पर,
इंतज़ार करके थोड़ा-बहुत;
गर वो बचने की कोशिश करता भी है तो बेकार है :
शिकार को धर दबोचने को तैयार है भयानक तोल्दी।
पिरोश्का करती है विनती उससे किसी डरी हुई मृगी की भाँति,
कि वह उसके पति की जान बख़्श दे,
अपनी गहरी काली आँखों के आँसू उसके हाथ पर गिराते हुए
प्यार से सहमी हुई चेहरा ऊपर उठाते हुए ये माँग करती है। (103)

देखता है तोल्दी मिक्लोश अपने सामने कमनीय मनोहारी चेहरा :
निकलता है ग़ुस्सा उसके दिल से बाहर जैसे कोई तूफ़ान-सा,
और जैसे सूर्य अस्त होता लालिमा के साथ काले बादलों के बीच
छाई वैसी ही लालिमा उसके चेहरे पर।
लाता है चेहरा उसका अपने हृदय के पास,
मानो जैसे स्वर्ग को लगाया हो गले,
झुका तोल्दी चूमा कई बार उसको,
इसी दौरान है फ़ुसफ़साता वो : (104)

"आ जाओ कहता है बलपूर्वक
आ जाओ मेरे साथ ले जाऊँगा खड़ा है मेरा घोड़ा तैयार
वहाँ न पहुँचेगी हवा न रौशनी सूरज की तुम तक
मैं करूँगा रक्षा तुम्हारी होकर सारी दुनिया के ख़िलाफ़"
झेप जाती है पिरोश्का इस शब्द के साथ,
जैसे फँसी हो कोई मछली किसी जाल में;
करती है खुद को आज़ाद उस जाल से :
"ओ वीरों के वीर करो सम्मान नारी का"। (105)

कमनीय नारी रही काँप वहाँ पर, न चिल्लाती है न बिलखती,
न बोलती कुछ होठों से मदद के लिए,
है रंग चेहरे का कुछ ऐसा जैसे पंखुड़ी कुमुद की:
एहसास होता है उसको अपने असहायपन का।
उतर गया था नशा वो कड़वा था जो उस पर सवार,
काँपती है मासूम-सी उसके सामने,
ओ वीरों के वीर रक्षा करो मेरी ईमानदारी की। (106)

वह देखता है अब वास्तव में उसको दिखा है
है वीर के लिए एक भयानक पाप ये,
सोच कर भी घृणा होती है जिससे :
है टूटा जैसे प्यार भरा दिल वो।
मेरा भी टूटेगा ठीक वैसे ही :
जीते जी है गुज़रना नरक की सभी यातनाओं से मुझको
थी बड़ी कड़वाहट भरी विदाई ये,
और चला जाता है फिर वो, अब पिरोश्का को कभी नहीं देखेगा।
(107)

(1879)

—हिमानी पाराशर

विद्वान की बिल्ली

A tudós macskája

बहुत महान होता, विद्वान के लिए
उसका ज्ञान,
पर क्या फ़ायदा, अगर
टुकड़ों पर बीत रहा था उसका जीवन,
ज्ञान पर तो लिख डाली थी किताब
लेकिन अफ़सोस ....
ये पगला क़िस्सा
घटा उसके साथ।

बिल्ली के सिवा इस जग में विद्वान को बस
अब तो कहीं और कुछ भी न भाए,
सोचे, धरती पर, या आकाश में,
दो या चार टाँग वालों को ही प्यार किया जाए।
अपनी धारीदार बिल्ली से ही प्रीत लगाए,
पर अफ़सोस...
करने लगा उसको प्यार,
इतना कि मानो खा ही लेगा उसे।

है घर में उसका एक सेवक भी,
जो रखता है घर का ख़्याल,
खिसक न जाए घर,

पंख न लग जाएँ उसे,
वफ़ादार था वो नौकर काफ़ी कुछ,
वो है ऐसा नौकर और वफ़ादार भी,
लेकिन अफ़सोस ....
उसका पुरस्कार था—भूखा रहना।

लेकिन प्यारी बिल्ली वक़्त गुज़ारे ऐसे,
मालिक के संग बाँटे, नाश्ता व खाना,
नौकर के नयनों में उदासी बढ़ती जाती
लेकिन अफ़सोस ....
भरता रहता वह ठंडी आहें
देखता रोटी और दूध।

विद्वान ने किया आधा नाश्ता और
नौकर की थी ज़िम्मेदारी
कि बिल्ली को दे वह बचा हुआ खाना,
बिल्ली की थी ऐसी मौज
मानो हो मालकिन,
लेकिन अफ़सोस ....
बिल्ली पर ऐसा कुछ नज़र नहीं आया।

पता नहीं... क्या हो सकती है,
इस बिल्ली की बीमारी,
उलझे बाल, कड़कड़ करती हड्डियाँ,
सुध खोती बिल्ली बेचारी,
ओ मेरे मालिक! ये तो है भूख,
लेकिन अफ़सोस....
दुगुनी हो जाए खुराक तो
सेहत सुधर जाए बिल्ली की।

उसी दिन से, रोटी-दूध का हिस्सा
अब मिलने लगा उसे आधे से पूरा,
विद्वान उसको रहता निहारता
बिल्ली अब हो जाए सेहतमंद।
लेकिन अफ़सोस...
घटते हुए चाँद-सी
दुबली होते-होते हो गई दराँती-सी।

वो बेचारी धारीदार बिल्ली
होती गई बीमार,
और अंत में एक पतझड़ की एक शाम,
स्वर्ग सिधार गई।
प्रिय पशु वह हो गई अब निरी रूह,
लेकिन अफ़सोस ....
मैंने बाँटे अपने निवाले उसके साथ,
फिर भी वो गुज़र गई।

मैं क्या बोलूँ—नौकर कहता है,
बिल्ली ने कोई ग़लती नहीं की,
मैंने ही खाया था,
सुबह का नाश्ता,
मैंने कहा : जाओ, चूहे पकड़ो,
लेकिन अफ़सोस ....
वहाँ नहीं रहता कोई चूहा,
क्योंकि हर कमरा ख़ाली है।

बहुत महान था विद्वान का
ज्ञान—मैं कहता हूँ,
लेकिन क्या फ़ायदा, अगर
टुकड़ों पर जीना था जीवन

ज्ञान पर तो उसने लिख डाली किताब
लेकिन अफ़सोस ....
ऐसी ही छोटी-छोटी बेतुकी घटनाएँ,
अक्सर होती थीं उसके साथ....
(1847)

—इन्दरप्रीत कौर

क़रार

Agio-világ

वाजिब ही वाजिब
होंगी मेरी ख़्वाहिशें,
हीरे-जवाहर की माँग नहीं करूँगा मैं, हाय मेरा नसीबा,
न सोने-चाँदी की,
(है भी कहाँ वो सब तुम्हारे पास!)
नक़दी ही दो मुझे!
(1850)

—सुरेश सलिल

पतझड़ के दिन

Öszel

शरद के नीरस विषाद-युक्त दिवस;
ऊब घर आती है, मन पर छा जाती है—
छाई ही रहती है।
दुखी और पिंजरे में क़ैद एक पंछी :
ऊब की ही भाँति मूक और नीरस हो उठते हैं
मेरे गान।
क्या करना चाहिए? शैयाशायी होऊँ और
पठन-पाठन करूँ?...
प्रभा-प्रभावित होमर की अपेक्षा मैं
'ओसियान' को चुनता हूँ
जिसके सुर कुहरिल और निशि जैसे धुँधले हैं।

असीम वेदना नीरस आकाश में
असीम वेदना सागर के मृदुल-सौम्य मुख पर
घाटियों में भी असीम वेदना
सूर्य को उदित होना है जहाँ—
अभी मैं इस अनुग्रह के उपयुक्त नहीं।
उद्गम पर फैली है एक नीली चादर
स्वर्णवर्ण नाव एक
फेनिल सतह को सहलाती तिरती है—

इस सबकी अपेक्षा, मैं 'ओसियान' को चुनता हूँ
जिसके सुर कुहरिल और निशि जैसे धुँधले हैं।

ज़ीअस के ओलिम्पस पर नीलिमा छाई है,
अरे! यहाँ एक अदभुत द्वीप भी है; हरीतिमा से समृद्ध,
ऊपर भी हरी शाखें, नीचे भी हरी शाखें
छायादार तरु-पादप, मनोरम कानन,
ऊर्मियों से पछीटी हुई अनुपम पुष्पित सुषमा,
मेड़ों के विपुल जूथ-कैसी श्वेताभ छटा!—
इस सबकी अपेक्षा, मैं 'ओसियान' को चुनता हूँ
जिसके सुर कुहरिल और निशि जैसे धुँधले हैं।

धूम-आच्छादित वन और बाड़े
प्रस्तुत हों मानो अतिथि रूप में मेरे स्वागत को।
यहाँ रणबाँकुरे उपहार लेते हैं, पकाते-खाते हैं
ठान ठानते हैं,
और नाचते हैं, हँसी-ठिठोली करते है चतुर्दिक अलाव के,
युवक और कुमारिकाएँ थिरकती हैं वीणा की धुन पर
मधुरस छके हुए, आँखों में उनके होती है अपूर्व दीप्ति—
इस सबकी अपेक्षा, मैं 'ओसियान' को चुनता हूँ
जिसके सुर कुहरिल और निशि जैसे धुँधले हैं।

क्रोधोन्मत्त हैं रक्त रंजित रण यद्यपि,
उनके लिए स्वातंत्र्य-हित वलिदानों का कोई अर्थ नहीं
न निरंकुशता,न ही शृंखलाएँ सुनती हैं उनके देश को
अपने स्वर्ग में,
कोई नियम-विधान नहीं उनके लिए, सुखी और प्रसन्न वे,
सदियों पुरानी रूढ़ियों द्वारा सुरक्षित अधिकार उनके—
इस सबकी अपेक्षा, मैं 'ओसियान' को चुनता हूँ
जिसके सुर कुहरिल और निशि जैसे धुँधले हैं।

बीत चुकी है ग्रीष्म की प्रियकर ऋतु,
बढ़ रही है रींगते हुए अपने अंत की ओर प्रकृति।
सब कुछ निरानंद, कोई चमत्कार नहीं,
प्रभंजन प्रवाहहीन, वायु की साँस टूटती हुई।
कोकिल की कूक नहीं, अप्रस्तुत अबाबील भी,
गान नहीं, न ही कोई संभावना, जिसके लिए जूझा जाये।
'ओसियान' से अनुरोध है कि झटक दे
निशा के आरपार तक तिरते अपने कुहरिल और धुँधले सुर।
सर्वत्र पसरी है एकरूपा विरसता,
धुँध-भरी संध्या के सिवा कुछ नहीं प्रभात।
नीला आसमान नहीं, हरे-भरे झुरमुट नहीं
तने वितान में कोई संभावना नहीं।

आसमान सिसकेगा एकाकी
शैया पर पड़ा-पड़ा ऊब-भरे धीमे आँसुओं में,
नहीं होगा कोई भाव प्रतिशोध का।
'ओसियान' से अनुरोध है कि झटक दे
निशा के आरपार तक तिरते अपने कुहरिल और धुँधले सुर।
अरे ओ, तुम जो गा रहे हो बुझते हुए दीपक का गौरवगान,
आओ, मेरा अनुरंजन करो।
मेरी आत्मा तरस रही है मेघिल आसमान की दूरस्थ वलय,
ढोल के दबे-भिंचे स्वर, और
रक्तरंजित रणबाँकुरों के गले में पड़ने से पहले ही
कुम्हलाते हारों के लिए।
'ओसियान' से अनुरोध है कि झटक दे
निशा के आरपार तक तिरते अपने कुहरिल और धुँधले सुर।

मेघ, बिलखती हवाएँ, झाड़ियों की मृदुल रुहोंचे,
लम्बी-तगड़ी घास, बीहड़, तरसता-छटपटाता एकाकी बाँज,
प्रलापी ज्वालाएँ, सागर की अस्पष्ट-अनिश्चित दहाड़—

इसी सब पर पली-पोसी है मेरी बुभुक्षित आत्मा,
इसी सब पर पला-पुसा मेरा देश अपने दुष्काल में।
'ओसियान' से अनुरोध है कि झटक दे
निशा के आरपार तक तिरते अपने कुहरिल और धुँधले सुर।

जा चुके हैं अज्ञात-अनाम मृतक अपने शूरवीर पूर्वजों में
सम्मिलित होने,
योद्धाओं की आत्माएँ गिरती हैं एक के बाद एक,
मेघों के मध्य से जैसे उल्काएँ,
और उन्हें पुकारती है;
क्योंकर जगाना उन्हें, मुक्त हो चुके हैं जो
जीवन के सकल लेन-देन से।
'ओसियान' के ज्वलंत गान दहका सकते हैं क्या
कैलेदोनियाई निशांधकार के कब से सूने पड़े शिविरों में
ठंडे पड़े अलाव?
(1850)

—सुरेश सलिल

घरेलू गुफ़्तगू

Családi kör

घिरने लगी शाम और हर चीज़ ठहर गयी
अँधेरा होते ही शहतूत की पत्तियाँ पसर गयी
शाम का भिनकता कीड़ा दीवार से जा टकराया
इक ज़ोर का धमाका और उसके बाद पसर गया
फूहड़ मेंढकों की जमात हर तरफ फैल गयी
जैसे ज़मीन के ढेलों को टाँगें मिल गई
शाम के धुँधलके में एक चमगादड़ फड़फड़ाया
खंडहरी मीनार में यूँ एक उल्लू घुघुआया

आँगन में गाय के सफ़ेद बाल दिखते हैं
गृहिणी ने अभी एक गाय का दूध दुहा है
बाड़े में ख़ामोशी से गाय जुगाली कर रही है
और भूखा बछड़ा अपनी माँ को बुला रहा है
एक आलसी बिल्ली मक्खियाँ भी न उड़ा पाती है
दबे पाँव बढ़ती अपनी देह को फैलाती जाती है
रुक गई एक पल देखकर इधर उधर और भाग गयी है
आँगन में छलांग लगाती वो दौड़ गयी है

खुला है दरवाज़ा अंगीठी की रौशनी की चमक
स्वागत में आँगन के बाड़े पर रही है दमक
दरवाज़े के सामने बैठा है एक वफ़ादार कुत्ता

देहरी पर कर रहा है चौकसी कुत्ता।
घर के अन्दर गृहिणी छान रही है गाय का दूध
अपने बेटे के माँगने पर उसे पिलाया थोड़ा दूध
बाद में दूसरे बच्चों में गयी थी घुल मिल
जैसे चाँद तारों की भीड़ में जाता है घुल मिल

एक कुवाँरी आग पर टहनियाँ रख रही है
सबसे बड़ी और सुंदर सुबह के सितारे जैसी
अपनी नई पोशाक के लिए गरमा रही है इस्तरी
अगले दिन उत्सव में जाने के लिए तैयार की थी चुनरी
उसने अपने अनुजों को एक दिलचस्प कहानी सुनायी
सख्त मटर छीली कुछ सेम भी थी छाँटी
देर तलक आग में डालते रहे मटर के छिलके
लपटें मचल रहीं थी उनके गोल चेहरे चमकाने

सबसे छोटा लड़का रोटी माँग चबाने लगा
और एक जलती टहनी से बनाया सर्पीला घेरा
बड़ा लड़का दूसरों को अनदेखा कर लगा पढ़ने
(बनेगा पादरी हर कोई लगा कहने)
कम से कम उसके बाप की यही थी मुराद
पर लड़का न करता प्रार्थना न ख़ुदा को याद
बल्कि पढ़ता था बस गाने और कविताएँ
ख़ुद भी लिख डाली थी उसने चंद कविताएँ

लेकिन अब उनके बाप ने रख दी कुदाली
वो धारीदार थैला अब एक कील पर टाँग दिया
बच्चे उस थैले में कुछ ख़ुशी से ढूँढने लगे
इस उम्मीद से कि उन्हें रोटी के टुकड़े मिलेंगे
उन्होंने झटके से खींचे अपने हाथ वहाँ से
कोई शैतान है वहाँ...अरे नहीं खरगोश है वहाँ

वे ख़ुश है अब नहीं सोयेंगे सारी रात
खरगोश को खिलाने को लाएँगे गोभी के पात

पिता ने सबको किया शाम का अभिवादन
बैठ गया वो मिटाने को अपनी टाँगों की थकान
जिस पर शिकन पड़ी थी ज़िंदगी के ग़मों से
माथा उसने पोंछा वो धूल भरी क़मीज़ से
जब अपने बच्चों को अपने आस पास देखा
एक खुशनुमा झोंके-सा उड़ गया था ग़म उसका
बीड़ी जलायी उसने चूल्हे की आग से
मुस्कुरा उठा दिल उसका बीवी की बात पे

आदतन बीवी खाना लाने को गई
जिससे प्रतीक्षा न करना पड़े पति को
बीचों बीच सजा दी उसने मेज़ कुर्सियाँ
और ले आयी सादी रोटियाँ और सब्ज़ियाँ
ख़ुद खा चुकी थी वो बच्चे भी नहीं थे भूखे
लेकिन पति ने कहा मेरे क़रीब आओ प्रिये
भोजन लगता है सुस्वाद गर सब मिलकर खाएँ
बच्चों को दिए थे उसने अपने निवाले

दस्तक दे रहा कौन? देखो सारा बेटे जरा
कोई ग़रीब ढूँढ रहा है एक रैन बसेरा
मत दुत्कारो उसे गर उसके पास नहीं है घर
कितने सहते है पीड़ा जब मिलते है बंद दर
सबसे बड़ी लड़की उसको ले आई घर के भीतर
एक ज़ख़्मी सैनिक ने किया सबको नमस्कार
आपके भोजन पर सदा ईश्वर की कृपा रहे
(यूँ कहा उसने) और उन सब पर जो आपके साथ खाये

पिता ने अतिथि को सादर आमंत्रित किया
पत्नी से भोजन परोसने को कहा
तब पिता ने उसको सबके साथ बैठने को कहा
उसने किया मना लेकिन फिर भी वो मान गया
सादा लेकिन स्वाद भोजन खा मौज उड़ायी
एक जग पानी पी उसने अपनी प्यास बुझाई
खाना खाते समय नहीं आई कोई आवाज़
खाते है ख़ामोशी से यही है हंगेरियन रिवाज़

लेकिन सबके खाना खा लेने के बाद
मुश्किल नहीं है अब सुनना भिखारी की बात
शुरू में उसके शब्द छोटे झरने-से लगते थे
लेकिन जल्द ही दरिया के पानी-से बहते थे
बड़े लड़के ने भी अपनी किताब बंद कर दी थी
उसने अपनी आँखें अब उधर ही कर ली थीं
जैसे ही सैनिक की वो पूरी हुई कहानी
लड़के ने कहा कृपया और सुनाओ कहानी

कहानियाँ नहीं है ये, पिता बेटे पर झल्लाया
सैनिक समझ रहा था धीरे से मुस्कुराया
सब सुन रहे थे उसकी कहानी ध्यान लगाकर
लेकिन बड़ी सुन रही थी कान लगा कर
जब कोई नहीं बोलता और कोई नहीं देखता
शर्मा कर पूछती थी उससे बड़े भाई के बारे में
तीन साल तक पूछती रही थी इसके बारे में
एक साल और करेगी प्रतीक्षा उसकी किसी से शादी के पहले

घिरने लगी है शाम आग भी रोशन नहीं है अब
जलते हुए सब चिराग बुझने लगे है अब
बच्चे भी थके हैं और एक पहले ही सो गया है

उसका सिर उसकी माँ के काँधे पर झुका है
अतिथि बोलता है कम ख़ामोशी बढ़ जाती है
बीच-बीच में बिल्ली के घुरघुराने की आवाज़ आती है
सरसाते पुहाल का ज़मीन पर ढेर लग गया
एक झींगुर ख़ामोशी से वहाँ राज़ कर रहा है।
(1851)

—इन्दुकान्त आंगिरस

ये दुनिया

A világ

ये दुनिया एक खचड़ा गाड़ी है
यहाँ से टूटी—वहाँ से फूटी—
रड़क-रड़क, ढचर-ढचर चलती-भर रहेगी,
हमें क़तई डरना न चाहिए
कि ये बहुत तेज़ी से चलेगी।

ये दुनिया एक पुराना-धुराना ओवरकोट है
कीड़े-मकोड़े खाया,मैला कुचैला,
बेकार है इसकी रफ़ूगीरी-
सीने-गाँठने से काम नहीं चलने का,
तार-तार होकर बेकार हो जाता है ये जल्दी।

ये दुनिया एक पनचक्की है लगी हुई झील में,
कभी लबालब
कभी एक क़तरा भी नहीं; एकदम सूखी!
ऐसे में क्या तो अंजाम दे पाएगी
ये करमजली पनचक्की।

ये दुनिया एक बूढ़ा साजिंदा है
बस का नहीं इसके कोई नया राग निकाल पाना।
आधा सुर ही साध पाता है बेचारा

रोज़-रोज़ भूलता रहता है धुनें।

ये दुनिया एक ख़स्ताहाल मैख़ाना है
जाड़ा हो या गर्मी, है ये एक बदतर पनाहगाह—
जाड़े में ठंड से ठिठुरता
और गर्मी में शोलों से मुलाक़ात,
तब भी तुम इसे रैनबसेरा बनाए हुए हो।

ये दुनिया है एक धुत्त पियक्कड़
पाँच-पाँच, छह-छह बार एक ही पगडंडी के
चक्कर लगाता हुआ,
पहाड़ी और घाटी में साथ-साथ
छलाँग लगाने पर आमादा
लेकिन चौरस मैदान में लड़खड़ा कर ढेर होता हुआ।...
(1852)

—सुरेश सलिल

वो भी क्या दिन थे

Régi jő idóből

ख़त्म हो गया था शहद जार में
और जार भी टूट गया था
एक बूढ़ा भालू
दुनिया के दर्द में ढल गया था
कभी गुर्राता तो कभी बड़बड़ाता
उसकी आवाज़ भी गवाही थी
कुछ और ही था संसार वो
जब मैं जवान था
तब दुनिया ऐसी नहीं थी

उस समय मधुमक्खी
शहद को संगीनों से नहीं बचाती थी
स्ट्रॉबेरी और रसभरी ज़्यादा होती थी
सर्दियाँ भी उतनी लम्बी नहीं थी
ऊपर से नीचे और नीचे से ऊपर
जैसे ही चाटता तलुवा मैं अपना

शिकारी के पास बन्दूक नहीं होती थी
चौकीदारों के पास छड़ी नहीं होती थी
मेरे घने बाल भी अभी झड़े नहीं थे
हरे खेतों और जंगलों में

मैं घूमता था बेफ़िक्री से
एक छोटे–मोटे राजा की गरिमा से
घूमता था मैं मस्ती के साथ
तब हर कँटीली झाड़ी पर
इतने सारे घोसले नहीं थे,
गहरे कोटर से गाते थे
दरबारी गवैये,
मुँह फाड़–फाड़ कर
पूरा गला खोल कर गाते थे जनाब
लेकिन आज चिड़ियों की चहचाहट भी
कर देती है मज़ा ख़राब

अब भी बहुत मुश्किल से
सहता हूँ, सहता हूँ, जब तक मैं सह सकूँ
दुनिया के लिए अपनी समझदारी
छानता हूँ अपने दाँतों के बीच
और अगर दुनिया नहीं चाहती बेहतर शिक्षा तो
एक बड़ी जमुहाई के साथ
सारी दुनिया को निगल जाता हूँ !
(1853)

—इन्दुकान्त आंगिरस

मूँछ

A bajusz

कहीं था एक गाँव मालूम नहीं कहाँ
वो रहता था जिसमें नाम बताऊँ क्या ?
न उसकी मूँछ थी, न दाढ़ी
न सर पर था एक बाल
सपाट थी उसकी खाल
इसलिए उसके गाँव वालों ने रखा था टकला जॉर्ज उसका नाम
यही नाम बढ़ाता था उसकी शान
लोगों को वहाँ उल्लू बनाना नहीं था आसान
क्योंकि वहाँ हर आदमी का उपनाम था
और यही नाम उनकी शान था
जो उनके पिता और पादरी से दिया हुआ अलग नाम था
मालूम नहीं दूसरे इलाकों में भी
इस तरह के रिवाज़ थे कि नहीं
लेकिन यक़ीनन गड़बड़ झाला होगा
गर उपनाम का चलन निकाला होगा
और क्या कहूँ इस बारे में
मज़ा क्या है बिन गाली के ?

यूँ तो जॉर्ज किसी ठाकुर से कम नहीं
अपनी मूँछ बढ़ाने को

उसने जो भी किया वो कम नहीं
लेकिन मूँछ की ज़मीन बंजर ही रही।
हर चीज़ मली पूरा ज़ोर लगाया
लिखा हुआ हर नुस्ख़ा अजमाया
साँप के बाल और भालू का तेल लगाया
भाँग और धतूरे का रस लगाया
उगने लगी हर रात मूँछ सिर्फ सपने में
नींद खुलते ही मारे ख़ुशी के उसने छुई अपनी मूँछें
पर कहाँ थी वहाँ मूँछें?
ठाकुर जॉर्ज के और भी थे कई रूप
जॉर्ज नहीं था बेवक़ूफ़
तिजोरी में रखा था बहुत-सा पैसा
उसके पास थे बैल, भेड़ें और गधे
सरपंच भी वो बन सकता था
सपना सच भी हो सकता था
हाँ यक़ीनन ये भी हो सकता था
उसकी कमर, बाल और नीली पतलून
दिखने में लगता था अफ़लातून
सब कुछ स्वागत के लिए तैयार था
पर मूँछ बिना सब बेकार था
बिना मूँछ औरत के चेहरे जैसी तस्वीर
मिले थे वोच उसको दस या बीस
तुम सब लोग भाग्यशाली हो
जिन्हें कुदरत ने दी मूँछें मतवाली हो
कल्पना भी नहीं कर सकते आप
बिन दाढ़ी मूँछ जीवन अभिशाप
जब एक ठूँठ सख़्त बाल
आपकी ठोड़ी पर जाये निकल
आप सब संतों की दुहाई दोगे
सब उस्तरों को डस लोगे

सूप या वाइन जब कभी पी तुमने
तुम्हारी दीन, मासूम मूँछें डूबी उसमें

पूरी सर्दी जमेंगे बर्फ़ के टुकड़े
हो जाएँगे गुस्से से लाल तुम्हारे मुखड़े
और कैंची का तो ज़िक्र ही न करो
इन बालों का नहीं कोई मोल
महँगे मोतियों से भी है अनमोल
और यही बाल नहीं थे जॉर्ज के पास
इसलिए सब खुशियाँ थी उदास
कितनी जलन से देखता था उनको वो
दिहाड़ी मज़दूर की मूँछें उनके उठान को वो

उसके लिए था एक हसीन सपना
मूँछों के लिए तैयार था मज़दूर बनना
लेकिन सब कोशिश थी बेकार
उसके दर्द का न कोई चारागर

खुले मैदान या शाही बगीचों में
या फिर किन्हीं और जमीनों में
जो उगा सकता उसके लिए बाल
अब नफ़रत सी हो गई थी उसको मूँछों से
क्रोध ने कर दिया था क़त्ल उसका
दूसरे लोग कैसे मूँछ उगा लेते हैं
कुछ बच्चे भी काजल से बना लेते हैं
इसी कारण उसके आँगन में
बिल्ली को भी इजाज़त नहीं थी
जब देखा बुढ़िया बीवी की मूँछों को
त्याग दिया उसने बीवी को।

बंजारों जिप्सियों के लिए मशहूर है
(चोरी करना उनका हुनर है)
उस इलाक़े में घूमते दर ब दर
गाँव में आख़िरी छोर पर बसे आख़िर
तम्बू गाड़ दिए उन्होंने तत्काल
चूल्हे जला पका ली थी दाल
जो भी दूसरे गाँव से लाये थे दाना
उसी के बाद से भूखे प्यासे
अलविदा कहे बिना गाँव से उनका जाना

उन्होंने आमंत्रित किया रिश्तेदारों को यहाँ के बंजारों को
और पूछा उनसे हर छोटा सवाल

क्या है? गाँव में क्या चल रहा है?
और जो भी सुना दफ़्न कर सीने में
एक सेना के जनरल की मानिंद
जब दुश्मन के क़रीब होता है खड़ा
बारीकी से देखता है, हर झाड़, हर तना
धीरे मुड़ता सेना के साथ
भेजता है जासूस मुख़बरी के लिए
देखता है दुश्मन की कमज़ोरी
और देखता है उसकी मजबूती
उसे नहीं है कोई जल्दी
आँख और कान खुले रखता है
जंग होने पर हमला करता है
गर्म रहने तक लोहा पीटता है

तब समझदार जिप्सी राजा
तत्काल रणनीति बनाता है
ऐसा कोई घर न होगा

जिसका राज़ न वो जानता होगा
कहाँ रहती है अमीर विधवा
किसकी हजामत वो कर सकता था
कौन से घर में है कुँवारी लड़कियाँ
शारी,पन्नी,जूजी,कातो
कौन पागल है जवान लौंडों के लिए
क्योंकि आमदनी के लिए
वो पागल ही देंगे रकम
यहाँ किसका हुआ नुक्सान
और किसे ज़रूरत है ज्योतिष की
जिसे वह कभी बता भी न पाएगा
और ज़्यादा भी करेंगे भुगतान
किसको बनना है अमीर यहाँ
कमाना है किसको हराम का पैसा
और कहीं रखा भी था
खज़ाना जो जमा था
हवा के साथ कहाँ फुर्र हो गया
यही थी जिप्सी राजा की परेशानी
अंधे घोड़े पर कौन नहीं लगाएगा बाजी
उसके लिए पागल है हंगेरियन अंधविश्वासी

ठाकुर जॉर्ज की बीमारी भी
उससे कुछ छुपी नहीं थी
यह सोच कि दाढ़ी बनाएगा
हाँ, महाराजा ज़रूर बनाएगा
इसके लिए ज़रूरत नहीं उसको साबुन की
इसमें थी उस्तादी उसकी

सीधी या उल्टी हजामत बनाने में
कोई सानी नहीं है उसका

और अब समय है हटकर
अब अनुकूल है हर अवसर
आवाज़ें खनखनाती
तेग़ ए दराती
खेत में मज़दूर भर भर
कोई नहीं है घर पर
अर्धांगिनी केवल
पकाने को खाना
या गूँधना आटा
या किसी जगह कोई बीमार
लोटता हो अपने पलंग पर
या फिर कोई बुहार
ज्यूँ दहलीज पर पहरेदारी
ये हमेशा के लिए रहे जारी

ठाकुर जॉर्ज है अकेले
कोई भी नहीं है उसके आँगन
दानिश्वर जिप्सी राजा
करता है उसका अभिनंदन

ओ मेरे आका क्या अजूबा
आख़िर तुमने ये कैसे किया
अपनी मूँछ जड़ से काट डाली
क्या आप है हंगेरियन?
आप कल्पना कर सकते हैं
जॉर्ज ने जिप्सी राजा को ऐसे घूरा

जैसे कँटीले फावड़े से मार ही देगा उसे
लेकिन जिप्सी था हाज़िर जवाब
मक्खनी बातें करता रहा

जब तक जॉर्ज ने अपना राज़ नहीं बताया
आख़िर ये माजरा क्या है ?

हे भगवान कितना शर्मनाक है यह
तुमने मुझे पहले क्यों नहीं बताया
तुम्हारी मूँछ कभी थी ही नहीं ? या उगी ही नहीं ?
अब तक तुम्हारी बड़ी मूँछें होती
क्योंकि मैं इसका उस्ताद हूँ
जॉर्ज इन सब बातों पर बहुत ख़ुश था
कि जल्दी ही आज या कल मिल जायेंगी मूँछें
और जैसे की वहाँ सुंदर सख्त बाल हो
वह उस जगह को मरोड़ने लगा
बर्फी, रबड़ी
काजू, पिस्ता
हलवा,पुड़ी
पकी हुई सब्जियाँ
बहुत था ये सब
और इसके अलावा बढ़िया चाय
और जो कुछ जिप्सी राजा ने माँगा
उन्होंने वायदों के साथ सौदा किया
उन्होंने तभी चूल्हें में आग लगाई
धधकती आग, खौलता कडाह
उठते पतंगे, दम घोंटू धुआँ
नहाने का पानी, खौलता कड़ाह
उसके भीतर हर तरह के झाड़ पतवार
हर तरह का कूड़ा करकट
सड़क पर या फुटपाथ पर
उगता है या झड़ जाता है
उस मोहक हमाम पानी में
जॉर्ज की सुंदर मूँछें उगेंगी

और अगर छोटी सी भी भूल हुई तो
अन्धविश्वास उसका यक़ीन बनेगा
अंगूर वाला टब अब तैयार है
जॉर्ज पूरी उम्मीदों के साथ है
बैठ जाता है उस गंदे जूस में
अपना ग़म भगवान के साथ है
लेकिन जिप्सियों का झुंड
चोरी चोरी उसमें उतरने लगा
पहले एक फिर दो
जैसे कोई कहानी हो
कि वे उससे टकराते गये
एक जलाता आग दूसरा खींचता पानी
तीसरा लाया लकड़ी आख़िर चाहिए आदमी
वे दौड़ते फिरते करते थे मदद सबकी
राजा ने दिया सबको काम

इस तरह वो फ़ायदेमंद भाप
ठाकुर जॉर्ज के सिर में घुसी
वे एक बड़ी मोमी चादर ले आये झट से
और ढक दिया हमाम टब उससे
और तब हमाम टब के चारों ओर नाचने और चक्कर काटने लगे
हथौड़ा बजाता रहा तख़्त
काम घड़ी की सुइयों-सा बढ़ता
और एक खुशनुमा गीत गाया
धीरे से फुसफुसाया

ठाकुर जॉर्ज की मूँछें आएँगी
अब मूँछें ज़रूर आएँगी
कुशलता से लगाई थी चादर
सुन्दर और मजबूत थी चादर

छोटी कीलों से उसे था ठोंका
बंजारों ने फिर गाया
ठाकुर जॉर्ज की मूँछें आएँगी ज़रूर
मत कीजिये उससे घृणा हुज़ूर
तभी पैसे वाली तिजोरी
चली तीर्थ को छोड़ सब
बाद में पीछे चली सब
बर्फी, रबड़ी
काजू पिस्ता
हलवा पूरी
बिस्तर की चादर और भीतरी कपड़े
लोहे के औजार और बरतन ताम्बे के
हर चीज़ जो चल सकती थी
लेकर हटा दी गई
क्योंकि ठाकुर टिक टिक की आवाज़
नहीं सुन सका कि खुल गए दरवाज़े के ताले

कितनी देर बैठा रहा जॉर्ज टब में
ढकी हुई मोमी चादर के नीचे
नहीं लिखा था इस कहानी में
मैंने तो बस इतना लिखा था
कि जैसे ही वो बाहर आया था
आईना लिया तुरंत हाथों में
अपनी मूँछ को मरोड़ने के लिए
लेकिन वहाँ कोई मूँछ नहीं थी
वास्तव में उसकी मूँछ कभी उगी ही नहीं थी
हाँ लेकिन कट गई थी उसकी नाक।
(1854)

—इन्दुकान्त आंगिरस

मात्याश की माँ

Mátyás anyja

सिलाज्यी ऊर्शेबेत ने
पत्र लिखा
प्यार में नम आँखों से।

एक ऐसा ख़ुशख़बरी भरा संदेशा
अपने लाल को
जो है प्राग की उस कष्टदायी क़ैद में।

'मेरे लाल
तू कहीं न जा प्राग की उस क़ैद से
मैं ख़रीद लूँगी तुझे
इन बेड़ियों से।

'सोना
चाँदी
मैं दूँगी तुम्हारे लिए
जाती हूँ घर
तुम्हारी वापसी की आरज़ू लिए।

'रहना अडिग तू

न जाना कहीं
मेरे दिल के टुकड़े
कौन होगा फिर मेरा अपना
इस इन्द्रजाल में जो तुम हो फँसे।

'देना
ये संदेशा
हुन्यदी मात्याश को
देना उसी को
न थमाना किसी और को
करती है सील बंद संदेशे को।'
काली मोम से
करते है प्रतीक्षा सेवक संदेशे की।

है कोई
जो प्राग ले जाए
संदेशा मेरा शीघ्र?
दूँगी उसे
सौ सोने के सिक्के
और घोड़े की थकान का खर्चा अलग से।

'मैं जाऊँगा
जाऊँगा मैं
सात दिन बहुत हैं'
मेरे ममतामय हृदय के लिए
होंगे ये सात वर्ष जैसे।

'मैं जाऊँगा
लाऊँगा उत्तर सहित संदेशा
बस तीन दिन में।'

मेरे ममतामय हृदय के लिए
होंगे ये तीन महीने जैसे।

हे ईश्वर!
ईश्वर मेरे!
क्यूँ ना दिए तूने पंख मुझे
अगर देता तो मैं भी उड़ पाती
माँ की कामना लिए
फुर्र से।

आ रहा है
आ रहा है
कौआ काला
ठीक वैसा
हुन्यादी की ढाल पर अंकित है जैसा।

झपटा
कुछ ऐसे झपटा
जैसे आँधी तूफान-सा
और ले उड़ा संदेशा वो माँ के हाथ से।

पकड़ो
मारो उस कौवे को
ले उड़ा संदेशा जो
और भागती है भीड़ मारने उसको।

मरता नहीं बस एक कौवा वो
मारे जाते हैं पक्षी सौ
पर न मिलता कोई नामोनिशान
उस कौवे का जो संदेशा ले उड़ा था।

देर रात तक
जंगल में
खोजते सब उसको
आधी रात को देता कोई दस्तक
विधवा की खिड़की पर।

'कौन है?
क्यूँ खटकाते हो?'
कौवा काला
संदेशा है उसके पास
या वैसा ही कुछ।

मोहर है लाल स्याही की
है बँधा खूबसूरती से
धन्य हो
धन्य हो
है लिखावट ये जो बेटे की।
(1854)

—हिमानी पाराशर

ज़ाच क्लारा

Zách Klára

[गाथा गान नौटंकी शैली में]
(चौदहवीं सदी में एक वायलिन-वादक गाता है)
सुबह का वक़्त है। एक शाही कोठी की फुलवारी में
किसिम-किसिम के रंग ब रंग फूल खिले हुए हैं।
कई परीचेहरा सुंदरियाँ, जो रानी की सखियाँ और
बाँदियाँ है, तितलियों की भाँति यहाँ-वहाँ थिरक रही हैं।

रानी की फुलवारी!......
भोर-पहर खिली हुई क्यारी दर क्यारी।
रंग ब रंग फूलों की कैसी छटा न्यारी।।
रानी की फुलवारी!...

फुलवारी में हैं खिले, सुर्ख़-सफ़ेद गुलाब।
रानी की सखियाँ कई, जन्नत का सा ख़्वाब।।
किसी की ताँबई रंगत, किसी की सुनहरी ज़ुल्फ़ें।
परीचेहरा ग़ज़ब दिलकश, उठाएँ आँधियाँ दिल में।
(रानी का मुँहबोला छोटा भाई काज़मिर रानी से कहता है)
मेरी मलका बहन! मेरी मलका बहन।
आज बस में नहीं मेरा तन मेरा मन।।
इश्क़ का एक काँटा है दिल में चुभा,
ले लो मुझसे क़सम, वो जिगर एक खुभा।।

दिल में मेरे आ बसा है, इक सुर्ख़ गुलाब।
क्लारा उसका नाम है, वो मेरा महताब।।
गर न मुझको मिली मेरी चाहत, बहन,
आ बनेगी मेरी जान पर,जान लो।
मर मिटूँगा मैं उस गुलबदन के लिए
जीना–मरना उसी से है, तुम मान लो।।

भाई मेरे, काज़मिर,कितना तू बेशर्म।
ऐसी बातें बहन से करे, न तुझको शर्म।।
सामने से मेरे टल जा तू अब के अब
मेरी आँखों में ग़ुस्सा है उमड़ा हुआ।
ऐसी नापाक ख़्वाहिश कभी पूरी नहीं होगी।
कोई भी चाल तेरी चलेगी नहीं।।
मरने पर भी तुला हो तू, तो जान ले
क्लारा तो तुझको हर्गिज़ मिलेगी नहीं।।
वक़्त गिरजा में जाने का है हो चुका
रुक नहीं सकती अब मैं यहाँ एक पल।
सुबह की प्रार्थना टाल सकती नहीं—
यीशु से मन लगा,इस तरह मत मचल।
तबियत अगर अलील है, लेकर प्रभु का नाम।
मेरी मख़मल सेज पर, जाकर कर आराम।।
झटपट रानी चल पड़ी, गिरजाघर की ओर।
मुखड़े पर जो भाव है, उनका ओर न छोर।।

वक़्त रहते पहुँचना है गिरजा उसे
प्रार्थना की घड़ी टलने पायें नहीं
फ़िक्र भाई की भी दिल में गहरे छिपी–
उसकी हसरत यूँ ही रह न जाये कहीं।।

साथ रानी के हैं उसकी सखियाँ कई

कुछ शिग़ुफ़्ता और कुछेक गुंचादहन।
ठीक पीछे है रानी के क्लारा लगी
नक्दा ओ नाज़ में हू ब हू गुलबदन।।

(रानी चलते-चलते अचानक ठिठकती है। चेहरे पर ऐसा भाव मानो उसे कुछ याद आया हो।

माथा पीटती है।)

रानी (क्लारा की तरफ़ मुड़कर) :
क्लारा, तू ही मदद कर मेरी इस घड़ी
जाना होगा तुझे कोठी में लौट कर।
क्या मुसीबत मेरे सिर है ये आ पड़ी-
लानी होगी मेरी बाइबिल ढूँढ कर।।
देख लेना वहाँ पढ़ने की मेज़ पर
होगी उस पर ही, या फिर मेरी सेज पर।
दौड़ कर जल्दी जा, मेरी प्यारी सखी,
वक़्त सर पर खड़ा, तू न अब देर कर।।

तेज चाल क्लारा चली, फिर कोठी की ओर।
ढूँढी पोथी बाइबिल, इत-उत चारों छोर।
बढ़ी सेज की तरफ़ ज्यों, झपटा उस पर काल-
काज़मिर की शक्ल में, किया उसे बदहाल।।
पल के पल गुलबदन क्लारा लुट पिट गई-
चीख़ती भी ऊँचा, कौन सुनता वहाँ?
आबरू हो तो औरत की दौलत है कुल
आबरू गई तो, तो जहन्नुम जहाँ।
(लुटी-पिटी बेहाल क्लारा एक चौराहे पर खड़ी है)
हर तरफ़ सहरा ही सहरा नज़र आता है।
वक़्त भी ज्यूँ का त्यूँ ठहरा नज़र आता है।
सराया ग़लाज़त में लिथड़ी हुई हूँ।।
मैं बेगुनाह हूँ, मुझ पर थोपा गया है गुनाह।
तब भी, इस हाल में, कौन देगा मुझे पनाह।

जी में आता है ख़ाक में मैं दफ़्न हो जाऊँ।
दफ़्न जो पहले से है, उनमें ही जाकर मिल जाऊँ।।
ख़्यालों में खोई
बेख़्याली से डग भरती
डगमग चाल के राह पर चल पड़ी,
वो राह गिरजाघर की राह नहीं
वो राह शाही कोठी की राह नहीं
वो राह क़ब्रिस्तान की राह नहीं....
चल रही है... चलती जा रही है क्लारा-
और ख़ुद को
अपने बाय फ़ेलित्सियान के सामने पाती है,
फ़ेलित्सियान के होंठों पर फड़क उठे कई सवाल
मगर क्लारा के लिए एक लफ्ज़ भी मुहाल-
उसकी बदहाली ने ही बयान किया सारा हाल।
ग़ुस्से में भिंच गए फ़ेलित्सियान के जबड़े
आँखें ख़ून-ख़ून
मानो आ सवार हुआ हो उस पर जुनून।
हाथ में सँभालते हुए लपलपाता ख़ंजर
निकला फ़ेलित्सियान घर से बाहर और
तेज़ कदमों बढ़ा चला शाहीकोठी की जानिब।
पहुँचा जब फ़ेलित्सियान शाही कोठी में, तो
भोज दोपहर का ये था चल रहा।
रानी थी, राजा था, थे कुँवर भी सभी
काज़मिर, महारानी का, भी दिख रहा।
मेज़ पर थीं सजी खाने-पीने की चीज़े
और हर-सू कि बस आलमे ले रहा था।
खाने-पीने में ही सबके सब मशग़ूल थे
सिवा इसके किसी को न कुछ होश था।

देखकर मौका झपटा तुरंत फ़ेलित्सियान

उसके खंजर ने भी पूरी इम्दाद की।
मेरी बेटी की अस्मत की है ये सज़ा
उसके होंठों ने बेखौफ़ रूदाद की।
जान तो बच गई रानी की, या ख़ुदा।
पर उँगलियाँ जुदा दाहिने हाथ की।
उँगलियाँ चारों कट कर अलग जा गिरीं
और रानी जमीं पे थी लुढ़की पड़ी।
इतनी ही बस नहीं, तेरे बेटों के भी
ख़ून का प्यासा है आज ख़ंजर मेरा
मेरी बेटी की अस्मत है सस्ती नहीं...
होश में हूँ, नहीं मेरा है सर फिरा।
फिर बढ़ा फ़ेलित्सियान राजकुँवारों के रुख
ख़ूनआलुदा खंज़र को ताने हुए।
हाँक दी राजा ने 'दौड़ो! दौड़ो' कि बस
आ गए सिपहसलाहकार माने हुए।
मुश्क़ें कस दी गई देखते-देखते
और खंज़र भी हाथों से गिर गया।
बाज़ी अब आ गई राजा के हाथ में
पल के पल, देखिये क्या से क्या हो गया।...
मेरे दिल की शमा, मेरे बेटों की माँ।
अब तुम्हारे हवाले है ये बदगुमां।।
फैसला तुमको ही है सुनाना
याद रक्खे जिसे कुल ज़माना।।
मेरी तर्जनी के लिए इसकी अनब्याही बेटी
मेरी बची उँगली के लिए इसके अनब्याहे बेटे की मौत।
मेरी कटी दो उँगलियों के लिए इसके दामादों,
इसकी ब्याही बेटियों का खात्मा।
और मेरे बर्बाद गये ख़ून के लिए
खुद इस बदकार और पूरे घरबार का
सर क़लम।

ताकि न बचे कोई चिराग़ जलाने वाला भी।
फैसले के साथ फ़ेलित्सियान का हो गया सर क़लम।
और इस तरह, मेहरबानो, ज़ाच क्लारा का हुआ क़िस्सा ख़त्म।
(पृष्ठभूमि से किसी जिप्सी की दर्द भरी आवाज़ सुनाई देती है)
जगत-गति मो से बूझी न जाय।
जगत-गति मो से बूझी न जाय।।
काम-क्रोध को पहिरि चोलना
गरब ख़ड़ो मुसक्याय।।
दया करो प्रभु हंगरी जन पर
सदबुधि देह जगाय।।
जगत-गति मो से बूझी न जाय।...
(1855)

—सुरेश सलिल

ख़ामोश दुख

Néma bú

मरते हैं
मरते हैं
मरते जाते हैं रोज़ रोज़
रंग और चमकयुक्त
हंगरी के लोग

एक यहाँ
एक वहाँ–
कितने ही,
घटते जाते हैं हर साल
और जो बचे हैं
भर उठते हैं दुख से, यतीमों की तरह,
हर एक के लिए,
जैसे दरख़्त से
एक के बाद एक
पीली पड़कर झड़ती सहेली पत्तियों को
निहारती कोई
ख़ामोश पत्ती।
(1856)

—सुरेश सलिल

वेल्स के चारण

A walesi bárdok

एडवर्ड राजा, अंग्रेज राजा
चितकबरे घोड़े को सरपट दौड़ाता
बोला, आओ देखें, क्या क्या है काम का
वैल्स के प्रदेश में ?

कैसी है नदी और ज़मीन
घनी हुई घास चरागाह की ?
सींची हुई है जो
बाग़ियों के ख़ून से !

और वो अवाम, बंदे ख़ुदा के,
क्या वो भी उतने ही ख़ुश हैं
वैसे ही जैसे
हलों में जुते बैल ?

महाराज आप के ताज में
वैल्स से अधिक क़ीमती कोई रत्न नहीं
नदी, ज़मीन, पहाड़ियाँ, घाटियाँ
सब कुछ है इस ज़मीन में यहीं

और वो अवाम, वो बंदे ख़ुदा के
ख़ुश हैं बहुत हर जगह
उनकी वो झोपड़-पट्टी
ख़ामोश हैं किसी क़ब्र की तरह।

एडवर्ड राजा, अंग्रेज़ राजा
चितकबरे घोड़े को सरपट दौड़ाता
जहाँ भी जाता, सन्नाटा छा जाता
गूँगा हो जाता वैल्स।

जहाँ उस रात को रुका था वो
क़िले का नाम था मोंतगोमरी
मोंतगोमरी के क़िलेदार ने
की थी ख़ातिरदारी राजा की

जंगली पशुओं की, मछली की दावत
जो मुँह को आँखों को ललचाए,
सैकड़ों दास जिन्हें ढो-ढो कर लाते
देखते देखते आँखें थक जाएँ

सब कुछ था वहाँ, जो उस हसीन टापू पर
उगता था खाने को पीने को
वाइन में उठता खमीर
मानो समंदर के पार से।

तुम साहिब लोग, तुम साहिब लोग
कोई नहीं खड़काता जाम.. ?
तुम साहिब लोग, तुम कुत्ते वैल्स के,
बोलोगे नहीं—एडवर्ड ज़िन्दाबाद ?

जंगली पशु और मछली, खुले आसमान में
आँखों और मुँह को ललचाए,
पर देखता हूँ यहाँ भीतर से
हर साहिब मुझको शैतान नज़र आए।

तुम साहिब लोग, तुम नीच कुत्ते
क्या एडवर्ड ज़िन्दाबाद नहीं ?
कौन गाएगा मेरी शान में क़सीदे ?
बुलाओ वैल्स के चारण अभी।

एक दूसरे को लगे देखने
सारे मेहमान वैल्स साहिबान,
गुस्से से लाल गाल
डर से हुए पीले।

लफ्ज़ अटकते हैं, आवाज़ें कसकती हैं,
साँस थम-सा जाता है।
दरवाज़े के पीछे से, सफ़ेद कबूतर-सा,
बूढ़ा चारण उभर कर आता है।

हाँ राजा, गाएँगे
तुम्हारे सब कर्म,
हाथियारों की खड़खड़, मौत की कराह
बजेंगे इकतारे पर।

"हथियारों की खड़खड़ मौत की कराह
सूरज है डूब रहा खून के तालाब में
रात के दरिंदे सूँघ रहे ख़ून
ओ राजा यही थी तुम्हारी करतूत।

"काटे हज़ारों लोग
क्रॉस–सा इक पहाड़ खड़ा किया
ज़िन्दा बचे जो, रोते, करते तलाश
ओ राजा यही थी तुम्हारी करतूत!"

इसमें अकड़ है बहुत चिता पर चढ़ाओ इसे
ये दिया हुक्म एडवर्ड ने,
हमें दरकार है कुछ मीठे गीत की,
और तभी आया नौजवान चारण।

मिलफोर्ड बंदरगाह की तरफ़ तभी
शाम की भीगी–सी हवा चली,
उमड़ पड़ा जिसमें
कन्याओं का रुदन, विधवाओं का विलाप।

कुंवारियों, जन्म देना मत तुम ग़ुलामों को
माताओ तुम दूध पिलाना मत शिशुओं को
राजा ने हिला दिया हाथ
चला गया चारण चिता की तरफ़।

तब बिन बुलावे के
तीसरा चारण,जाँबाज़ आ जाता है
अपने इकतारे पर
गाना सुनाता है

"जो थे वीर वो युद्ध में हुए शहीद
सुनो एडवर्ड, सुनो
जो गाए तुम्हारे प्रशंसा के गीत
ऐसा कोई वैल्स में चारण नहीं है।

उनकी याद रोती है अब भी इकतारे में
सुनो एडवर्ड, सुनो
जो भी गाना गाता है चारण वैल्स का
वो है तुम्हारे सर पर अभिशाप।''

देखूँगा मैं, और देता है हुक्म
राजा भयानक आवाज़ में देता है हुक्म
चिता पर चढ़ा दो जो भी करे विरोध
जला दो यहाँ हरेक वैल्स के चारण को।

उसके नौकर चाकर फैल गए हर जगह
पूरे वेल्स देश में, लगभग हर जगह
मोंतगोमरी की मशहूर दावत वो
हुई संपन्न हाँ कुछ इसी तरह।

एडवर्ड राजा, अंग्रेज राजा
चितकबरे घोड़े पर सरपट दौड़ता
और उस वेल्स के प्रदेश में
अर्श से फ़र्श तक ज़र्रा ज़र्रा जल उठा।

चिता पर चढ़ गए गाते हुए,
पाँच सौ चारण वैल्स के
गाया नहीं मगर एक भी चारण ने
''एडवर्ड जिंदाबाद!''

कैसी भनभनाहट है लंदन की गलियों में...
कैसा है रात का गाना ये... ?
फाँसी चढ़वा दूँगा लंदन के मेयर को
अगर कहीं किसी ने उठाई आवाज़।

गूँगी ख़ामोशी नहीं सुन पड़ती
मक्खी की भिनभिन न बाहर न भीतर
खोली ज़ुबान तो कटेगा सर,
नींद नहीं आती अब राजा को।

हा, हा पहले सीटी, फिर बजे नगाड़ा
बजे बिगुल, बजे सभी साज़
अब भी जो गूँज रहा कानों में-
वैल्स की दावत का शाप।

लेकिन सब साज़ों से ऊपर
बिगुल नगाड़ों से ऊपर
तैर गया पाँच सौ वैल्स चारणों का
ख़ून में डूबा शहीदी तराना।
(1857)

—इन्दुकान्त आंगिरस

अनन्त यहूदी

Örök zsidó

आराम करना अब नहीं सम्भव :
ख़तरे और तूफ़ान मुझे धकेलते
मेरे पाँवों के नीचे ज़मीन पुख़्ता नहीं है
मेरे सिर पर लटकती है दुधारी तलवार...
आगे! आगे!

वह धरती जहाँ पड़े मेरे पैर
मेरे ही बोझ से धँस जाती है
अगर अधिक देर रुका तो...
आगे! आगे!

अभी के पल भयावह हैं
आने वाले पल एक बोझ
हर नए पग पर लिपटते है साँप
घृणा है मुझे आज से और कल से भी...
आगे! आगे!

मरुस्थल झूठ दिखाता है
केवल मृग तृष्णा, झील और झरना
फलों का लालच
बाहर से सब स्वर्ण, भीतर सब राख...

आगे! आगे!

भूखा हूँ मैं, खाना
ख़ौफनाक है
पीने लगूँ तो पानी आग की लपट
स्वप्न है अचानक भय
जैसे कोई खंजर भोंक दे पर्दे की आड़ से...
आगे! आगे!

दौड़ना पड़ेगा मुझे और यह धरती पर बाँबी
बढ़ती है उल्टी दिशा में
लोग झीने मुखौटे भर है
मैं एक भी चेहरा नहीं पहचानता...
आगे! आगे!

उफ़, कितनी भीड़ और मैं अकेला!
गो मेरी राह मिलती है जा भीड़ में
मानो एक नाव लहरों के झाग में
सहती हो हर प्रहार...
आगे! आगे!

पुच्छल तारा रुकता है, फिर
चलाया हुआ तीर लक्ष्य पर पहुँचता है
फैंका गया पत्थर भी थमता है
मैं निर्लक्ष्य अनवरत...
आगे! आगे!

बंजर रेत में बहती नदी क्यों नहीं मैं
ताकि मुझे सोख ले सूखी हुई रेत
मैं एक बावला बवंडर

जो औंधा आ पड़े अपनी ऊँचाई से...
आगे! आगे!

शाख से गिरी कोंपल से ईर्ष्या है मुझे
जो अटक जाएगा कहीं
ईर्ष्या है मुझे सेमल की फाहों से
जो पहुँच जाएँगे खाई में...
आगे! आगे!

बेचारा यहूदी—बेचारा मेरा दिल
देर-सवेर शान्त हो जाएगा
दया है महान और दया है अनन्त
और मेरा शाप मुझ पर नहीं गरजेगा...
आगे! आगे!
(1860)

—इन्दु मज़लदन

गाथा मायावी मृग की

Rege a csodaszarvasról

विचरते हैं पक्षी, शाखों-शाखों पर
लबों-लबों पर गीत है गूँजता
होती घास हरी, सूख जाने के बाद
जागता है वीर सारंगी की धुन पर।

आए शिकार को
वीर बेटे सुन्दरी ऐना के:
हुनोर और मॉज्यॉर, दो वीर,
दो भाई, मेनरोट के बेटे।

बाँके लड़ाके पचास-पचास
चुन लिए उन्होंने, मानो;
लड़ना हो युद्ध, खूँखार
हुए लैस अस्त्रों से—मारने मृग को।

जख़्मी है मृगी इनके सामने,
नहीं सकती है वो भाग;
पकड़ लेते हैं वो मृगी को—
दौड़ते हैं पकड़ने मृग को।

करते हैं पीछा मृग का
रेत के सागर के खाली किनारों पर,
जहाँ भेड़िया, जहाँ भालू नहीं गए कभी
जाते तो ग़ायब हो जाते।

लेकिन शेर, चीता
दहाड़ते हैं उस मरुस्थल पर,
पीली बाघिन देती है जहाँ जन्म बच्चों को,
भूख लगने पर खा जाती अपने ही बच्चों को।

विचरते है पक्षी, गीत है गूँजता
दो बेटे सुन्दरी ऐना के;
शाखों पर चिड़ियाँ गीत जो गाती,
लबों-लबों पर धुन उसकी गुनगुनाती।

लालिमा डूबते सूरज की,
छाई हैं बादलों में जैसे अग्नि-सी;
करते हैं पीछा मृग का फिर भी,
हो जाता है ओझल, वो डूबते सूरज के साथ।

रात पहुँचते हैं लोग
कूर नदी के किनारे;
चरा सकते हैं घोड़ो को किनारे के पास
ये घोड़े हैं कुछ ख़ास।

कहता है हुनोर; हमें उतरना है यहाँ,
बुझाएँगे घोड़ों की प्यास, सोएँगे,
लौटेंगे सुबह, कहता है मॉज्यॉर:
साथियों के साथ।

हे वीरो, हे साथियो!
है कैसी जगह ये,
होता है अस्त सूर्य यहाँ पूर्व में?
नहीं अस्त होता है पश्चिम में, जैसे और जगहों पर?

बोला एक वीर : लगता है ऐसा मुझे,
ये अस्त हुआ है दक्षिण में।
कहता है दूसरा : ऐसा नहीं लगता मुझे :
छाई है लालिमा वहाँ उत्तर में।

उतरते हैं नदी के किनारे सब,
पीते हैं,खाते हैं,और करते है विश्राम भी
सुबह सूरज की पहली किरण के साथ,
लौटेंगे घर साथियों के साथ।

मन्द मन्द चलती हवा, अरुणोदय होता
आकाश पर छाई है लालिमा;
जाग कर देखते हैं, मृग नदी के उस पार
निडर मद-मस्त कूदता फाँदता वहाँ।

विचरते हैं पक्षी, गीत है गूँजता
दो बेटे सुन्दरी ऐना के;
शाखों पर चिड़ियाँ गीत जो गाती,
लबों-लबों पर धुन उसकी गुनगुनाती।

अब, चलो तेजी से आगे बढ़ो!
पकड़ो उसे।
चाहते हुए, न चाहते हुए—
पकड़ो उसको बिना रुके।

पार किया तैरते हुए कूर नदी को,
है कैसा भयावह मरुस्थल ये,
न है पानी की बूँद यहाँ,
न है घास का तिनका कोई।

है अंगारों-सी ज़मीन ये,
तेजाब-सा इसमें से निकलता,
नहीं पीने लायक पानी झरने का,
गंध भी अजीब-सी आ रही तालाब से।

है बहता तेल झरने से;
सुलग रहा सब यहाँ- वहाँ,
जैसे मशाल किसी पहरेदार की
फैल रही है आग चारों तरफ़।

आती है हर शाम एक उदासी के साथ,
क्यों चाह है इतनी इसको पकड़ने की,
क्यों भागते पीछे बन बावरे उसके पैरों के निशान के—
इस भूल भुलैया वाले वन में।

लेकिन अगली सुबह फिर,
करना था पीछा इन्हें मृग का,
जैसे खेलती है हवा काँटों से,
जैसे छलती पंछी की छाया उसको।

विचरते हैं पक्षी, गीत है गूँजता
दो बेटे सुन्दरी ऐना के;
शाखों पर चिड़ियाँ गीत जो गाती,
लबों-लबों पर धुन उसकी गुनगुनाती।

है कैसा भयावह किनारा ये दोन नदी का
यहाँ से सागर तक;
दलदल है, जाल है तलाबों का
जाते है वो उस निर्जन द्वीप पर।

दिखता है मृग वहाँ, धुँधला-सा
है कोहरा उसके आगे, है कोहरा उसके पीछे—
जब तक है कोई देख पाता उसको :
हो जाता है वो ओझल आँखों से।

कहाँ, कहाँ! गया वो?
एक चिल्लाता है : यहाँ भाग गया!
यहाँ है यहाँ, कहता है दूसरा!
तीसरा कहता : नहीं है कहीं भी!

छानते है कोना-कोना वो,
मारते हैं झाड़ियों में भाला भी;
निकलती है छिपकली, उड़ते हैं पक्षी भी :
पर नहीं है मृग वहाँ।

है! कौन जानता, मॉज्यॉर कहता :
किस राह पर है घर हमारा?
चारों तरफ़ है अन्तहीन आकाश यहाँ—
माँ, मेरी माँ मर जाएगी हमारे बिना!

कहता है हुनोर : रहना होगा हमें यहीं
लेंगे नया घर बसा यहीं;
है घास रेशम-सी, मीठा है पानी भी,
टपकता है पेड़ों से शहद भी।

हैं मछलियाँ चमकती नीली नदी में,
हैं वो लाल पशु खाने में स्वादिष्ट,
धनुष कसा है, बाण है तीखा,
जो आए पकड़ में वही है इनाम।

विचरते हैं पक्षी, गीत है गूँजता
दो बेटे सुन्दरी ऐना के;
शाखों पर चिड़ियाँ गीत जो गाती,
लबों-लबों पर धुन उसकी गुनगुनाती।

जब ऊब जाते हैं घर में,
तब ये फँसाते हैं, मछलियाँ जाल में :
करते हैं पीछा मृग का, जाँबाज़
जाते हैं युद्ध करने वन में।

इस बंजर, वन में
देता सुनाई एक गीत, गहरी काली रात में,
बजती है शहनाई एक, ढोल, नगाड़े, घने जंगल में,
जैसे आकाश में, सपने में।

रहती हैं अप्सरा वहाँ,
नाचतीं ,अपनी ही धुन में,
तम्बू हैं कुहरे से बुने हुए :
रहती है यें अपनी ही धुन में।

है नहीं कोई पुरुष यहाँ;
लेकिन अप्सराओं-सी युवतियाँ :
है ये बेटियाँ राजा बेलार और राजा दुल की
जो सीख रहीं कला परी बनने की।

सबसे सुन्दर हैं दो बेटियाँ राजा दुल की,
बारह बेटियाँ हैं राजा बेलार की,
सब मिलाकर है दो और सौ
सीख रहीं कला जो परी बनने की।

युवतियाँ ये जो सीखती हैं पुरुष को मारना,
सीखती हैं कैसे नौ जवानों को,
फँसाना है प्रेम जाल में,
और रखना ख़ुद को अनछुआ।

ऐसे बनती हैं ये परी,
करती हैं व्यापार दिलों को तोड़ने का;
बाँटती है हर रात फिर अपने इस अनुभव को,
हर रात मनाती हैं ये ख़ुशी दिलों को तोड़ने की।

विचरते हैं पक्षी, गीत है गूँजता
दो बेटे सुन्दरी ऐना के;
शाखों पर चिड़ियाँ गीत जो गाती,
लबों-लबों पर धुन उसकी गुनगुनाती।

जाते हैं पीछे उस आवाज़ के,
आती है एक किरण रौशनी की अँधेरी रात में,
करते हैं पीछा उस छाया का;
चाहते हैं पकड़ना उसे दबे पाँव।

मॉज्यॉर बोला : ये जो शहनाई की आवाज़,
भैया, गुदगुदाती मुझको
बोला हुनोर ख़ून सनसना उठता है ,
देख कर परियों की लीला।

हे वीरो! आगे बढ़ो!
उठा लो एक-एक गोद में!
ले चलो अपने घर बीवियाँ;
हवा उड़ा देगी हमारे निशान।

करते हैं तैयार अपने घोड़ों को,
जाते हैं होकर उन पर सवार;
घेरते हैं युवतियों को—
चारों ओर से।

भागती हैं चीख़ती हुई,
युवतियाँ सब इधर-उधर;
आगे है आग, पीछे पानी,
वीरों के इस चंगुल से न वो भाग पाती।

उड़ गई थी परियाँ वो,
थे पंख जिनके पास;
पर बाक़ी कहाँ जाएँगी?
क्या समा जाएँगी ज़मीन में?

नहीं अब बच सकती थी वो :
न रह सकती थी बन परी;
भागते है घोड़े और है रात की ख़ामोशी
सिर्फ़ काली गहरी अँधेरी रात।

विचरते हैं पक्षी, गीत है गूँजता
दो बेटे सुन्दरी ऐना के;
शाखों पर चिड़ियाँ गीत जो गाती,
लबों-लबों पर धुन उसकी गुनगुनाती।

दुल की बेटियाँ, सबसे सुन्दर,
बनी पत्नियाँ; हुनोर और मॉज्यॉर की,
और बाँट लेते वीर,
बाक़ी सौ अपने बीच।

कुछ समय बाद झुक गई वे अभिमानी युवतियाँ
हो गई शान्त;
नहीं करती हठ अब घर जाने की
जनम दिए वीरों के बेटे।

झीलों का द्वीप वह,
हो गया उनका सुन्दर स्वदेश,
सुन्दर घर हुए तम्बू, झरने लगी शान्ति बिस्तरों से :
कुछ नहीं और जो लुभाए।

बेटे बनेंगे वीर,
बेटियाँ प्रेमिका;
है बेटे सुदृढ़ तना, युवा शाख़,
है बेटियाँ पावन कुसुमावलियाँ।

हुए बेटे वीरों के दो से दो,
बाद में एक-एक कर नेता बने थे जो,
बसाते है अलग से एक राष्ट्र नया :
फैलती हैं इनकी एक सौ आठ शाखाएँ चारों ओर।

वंशज हुनोर के हुन्न कहलाए,
मॉज्यॉर के कहलाए मॉज्यॉर;
बढ़ते गए बढ़ते बढ़ते :
छोटा पड़ने लगा अब ये निर्जन द्वीप।

फिर कर लिया कब्ज़ा सिच्थिया पर भी,
साम्राज्य छोड़ गए हैं राजा दुल बेटियों और दामाद को;
तभी से गाथा इन वीर जोड़ों की!
है मशहूर लबों-लबों पर।
(1863)

—हिमानी पाराशर

ईश्वर की तलवार

Isten kardja

ऑतिल्ला जब नए देश में था, तो उसने बहुत अजीब सपना देखा। कि आकाश फट पड़ा है, और उसमें से एक सफेद बालों वाला बूढ़ा आदमी नीचे उतर आया है, और राजा की कमर पर उसने तलवार बाँध दी। वो एक बहुत अजीब सी तलवार थी। सोने की मूँठ वाली, और सबसे अजीब यही था, जैसे ही राजा ने वो तलवार अपने हाथ में पकड़ी, सारी दुनिया को उसने सामने देख लिया, जंगल, अन्तहीन सागर, चमकते हुए शहर, भयानक सेना जैसे ही उसने तलवार को चारों ओर घुमाया जंगल झुक गए, समुद्र की लहरें ठहर गईं, शहर जल उठे, सिपाही नीचे गिर गए।

—देखो ये कितना अजीब सपना था। क्या मतलब हो सकता है इसका? राजा सोचने लगा, उसने अपने सभी सलाहकारों और जादूगरों को अपने सामने उपस्थित होने का हुक्म दिया, सपने का अर्थ निकालने के लिए।

—सबसे पुराना सलाहकार कहता है, इसका मतलब है कि ईश्वर अपनी तलवार आपको देना चाहता है, जिससे आप पूरी दुनिया पर अपनी सत्ता कायम कर सको।

उसी समय दरवाज़े से पर्दा हटने की आवाज़ आती है, और राजा के पहरेदार राजा के सामने एक चरवाहे को लाकर खड़ा कर देते हैं। उस लड़के के हाथ में एक अजीब सी तलवार थी सोने की जिसको वो राजा को दे देता है।

—तुम्हें यह कहाँ मिली लड़के? ऑतिल्ला ने हैरान होकर उससे पूछा।

वह लड़का ज़मीन पर गिर जाता है, और रुक-रुक कर बोलता है।

— महाराज जैसे ही आज सुबह–सुबह मैं अपने पशुओं को चरा रहा था, तभी मैंने सफेद बछड़े के खून भरे पैरों के निशान देखे,मैंने आस पास देखा कि इस रेशमी घास पर उसके पैर किससे जख्मी हो सकते है ? तभी देखा कि इसी तलवार की नोंक ज़मीन से बाहर निकली हुई थी। मैं उसे बाहर निकालना चाहता था, कि तभी आग की एक बड़ी सी लौ बाहर निकल आई। मैं ये देख इतना डर गया था कि सिर्फ़ दूर से ही तलवार को आग की लपटों में सुलगता हुआ देखता रहा। तभी अचानक आग की वो लपटें ख़त्म हुईं और जब मैं वहाँ पहुँचा तो वह तलवार बाहर निकल कर घास पर पड़ी हुई थी। मैंने इस तलवार को उठाया और आपके पास ले आया। इस पर बस आपका हक है।

— सभी जादूगरों ने कहा ये ईश्वर की तलवार है।

ऑतिल्ला ने आकाश की ओर देखा, और पूर्व से पश्चिम और उत्तर से दक्षिण में तलवार को घुमाते हुए कहा :

सितारा है गिरता, है धरा काँपती, चमत्कारी साल।
मैं यहाँ हूँ यहाँ हूँ इस दुनिया का हक़दार।
है सारा जहान मेरे क़दमों में :
मेरे अलावा कोई नहीं हक़दार इस दुनिया का, मैं ही हूँ

(आरन्य यानोश की लम्बी कविता 'बुदा की मृत्यु' से लिया गया एक अंश)
(1863)

—हिमानी पाराशर

मेरी जन्मस्थली

Szülöhelyem

मेरी जन्मस्थली है सालोन्ता
नहीं जना उसने मुझे
दरबार-ए-ख़ास में,
इसीलिए रोज़ ललक होती है
झोपड़पट्टी की, वीरान जंगल की।
(1865)

—सुरेश सलिल

तानपुरानवाज़ बुज़ुर्गवार

Tamburás öregúr

उस बुज़ुर्ग के पास था एक तानपुरा
ऊब और प्रेरणा जब उसे सताते
उठा लेता वो अपना ख़स्ताहाल साज़
चार दीवारी में था ये ही उसकी ख़ुशी का राज़।

नयी पीढ़ी उसकी अनदेखी करती है
नहीं ताम झाम, नहीं फ़ैशन में
बुज़ुर्ग (आधा बहरा और काना)
बस अपनी ख़ुशी को बजाता था गाना

पुरानी पीढ़ी का वो पुराना गाना
संगीतकारों द्वारा चुराना
बुज़ुर्ग के पास नहीं था इसका इल्हाम
न चाहे नया वो, बस बजाए पुराना

सब पुराने गाने, जादुई आवाज़ें, मन
कभी नरम कभी सख़्त, कभी हंगेरियन कभी जर्मन
पहाड़ों पर रहने वाले डाकुओं का फूहड़ गाना
किसे होगी फाँसी न किसी ने जाना

खुरदरी जंगली आवाज़, वो भी इतनी नरम
तान की गहराई में डूबता तार का ग़म
सिसकता था, साँप के देह-सी फिसलन
कहाँ रुकेगी तान, कौन जाने, नहीं है उस्ताद

तब एक मीठा गीत झरने-सा बहने लगा
उभरता वो सुन्दर गीत कुछ उस से कहने लगा
जिसकी धुन पर क़दम भी थिरकने लगे
जैसे हवा किसी लय पर बहने लगे

तब गीत की एक एक पंखुरी खुलने लगी
धर्मसुधार के युग की
हारे-थके दिल ने किया पाप को क़बूल
एक अटूट विश्वास ख़ुदा में पलने लगा।

उस तानपुरे से निकलती नहीं कोई तान
सब कुछ है कल्पित
और अगर नहीं हुआ कामयाब गीत
तब वे दोनों बुज़ुर्ग साज़ मिलाएँगे सुर-ताल

लेकिन बर्दाश्त नहीं करता वो धूल
याद है उसे सब साज़ के बंद
एक आवाज़—और याद आया गीत वो पुराना
अलंकृत हैं बोल, तान जर्मन

बस गीतों में ही था बुज़ुर्ग का जीना
याद उसे बीता वक़्त, जगह, लोग
कब, कहाँ और किस से सीखा उस ने गाना
बचपन से अब तक

कभी-कभी रच जाता गीत नया ख़ुद ब ख़ुद
और भूल जाता वह, लिखा नहीं काग़ज़ पर,
और बाद में अगर याद आये भूले बोल
सोचता है ख़्वाब में या सच में सुने थे

बहुत दिन नहीं चल पाएगा ये फ़न
भूलता जाता था रोज़ ही एक गीत
यश और कीर्ति से प्रेरित नहीं था वह
उसे बस अकड़ी हुई उँगलियाँ गरमानी थीं

सीखा हो जो भी तुमने,रियाज़ उसका करना तुम
आए ग़रीबी तो काम वही आएगा
ओ बुज़ुर्ग! अगर तुम बैठो राह में तानपुरा लेकर
हैट में शायद कुछ सिक्के आ गिरेंगे।
(1877)

—इन्दुकान्त आंगिरस

लोकगान

Népdal

तिरती है नाव एक
तिरती है नाव एक
लहर–लहर लहरों पर
तिरती है नाव एक—
दूना नदी में।

तुरही, इकतारे के
साज़ से फूटती
आती है सुर–लहरी
दूना पर तिरती हुई
लहर–लहर नाव से...

'ओय! ओय!!
ले गये सेब लाल
शफ़तालू बाक़माल
ले गए—ले गए
गोरी को ले गए
मायके से ससुराल।
बेच डाले सेब सारे
बुदापेश्त मंडी में
बुदापेश्त मंडी में
बेच डाले सेब सारे—
उनकी कमाई से

गोरी अपना रूप सिँगारे
पहुँच कर ससुराल..
ओय! ओय!! कित्ती बड़ी-कित्ती सोणी
गोरी की ओढ़नी!

कित्ते सारे यारों को
अपने आगोश में
भर ले ये ओढ़नी!...

गोरी की ससुराल का
दारू का ठेका
भरा हुआ ठसाठस
भोर-परह से ही
गोरी का प्यों वहाँ
'कोलो' नाच रहा—
हाथों में उसके
ज़ालिम कटार एक
ख़ूनी क़टार एक
थिरक रही साथ-साथ :

ओय! ओय!!...
सेब लाल था बेशक
लेकिन था कीड़ा-लगा
गोरी थी सोणी बेशक
लेकिन पहुँचेली भी थी...
तिरती है नाव एक
तिरती है नाव एक
लहर-लहर लहरों पर
तैरती है नाव एक—
दूना नदी में।

उस पर जो शोर है
शोर में रले-मिले कोसने हैं,
उन सबसे घन-घन कर

आवाज़ें आ रहीं :

"आह! आह!! पास आते जा रहे
अलेक्सिनाच, क्नाज़ेबाच
केबी-राच!...
कभी नहीं देख पाओगे
अब तुम मुझे!!"

(1877)

—सुरेश सलिल

क़ातिल की शिनाख़्त

Tetemrehívás

रादवॉनी के अँधेरे घने जंगल में
बारत्सी बेनै की लाश मिली थी
लम्बी कटार गडी थी उसके सीने में
''यह ख़ुदा के सामने की गवाही थी
ख़ूनी हिंसा ने उसकी जान ली थी।''

उसके पिता ले गए थे उसे महल में
वहाँ रख दिया था उसको ठंडे महल में
करवाया नहीं था अंतिम संस्कार भी लाश का
ख़ून में सनी उसी हाल में पड़ी थी लाश
अर्थी पर वैसी की वैसी रखी थी लाश

पिता ने लगा दिए थे सशस्त्र पहरेदार चार
''दरवाज़े से अन्दर बाहर नहीं जाए कोई रूह''
''शायद उसकी माँ बहन आएँ शोक मनाने यहाँ?''
''भेज दो वापस उनको भी
टालेगा जो हुक्म मेरा, मारा जाएगा यहाँ!''

ग़म में डूबी इक कमरे से दूसरे कमरे में
रोती हुई औरतें दबाती थीं अपने ग़म
''उसने ख़ुद बुलवाया था उन्हें अन्त्येष्टि में''

अब ख़ुद गिद्धदृष्टि से देखता था वो उन्हें शक से
रिसता ज़ख्म ही बनेगा गवाह हक़ से

महल काले कफ़न से ढक दिया गया था
सूरज की किरण दोपहर में भी न पड़ती वहाँ
लाश के पास इक अफसर खड़ा हो गया था
मोमबत्ती, क्रॉस और पादरी मौजूद थे वहाँ
उसकी लाश पर पीली रौशनी फैली थी वहाँ

''दुश्मन को भी आने दो गर है कोई वहाँ''!
पिता ने जिनको भी बुलाया वे आ गए
लेकिन लाश का जख़्म रिसा नहीं था
जो कोई भी उसके सिर के पास खड़ा था
''था ये भी नहीं क़ातिल...वो भी नहीं था''!

झल्लाकर चौंका बारत्सी, ''क़ातिल कौन?
विरासती ख़ून बिना बदले के नहीं बहेगा
क़ातिल को आना है, चाहे मोहर हो मौन
मेरे दिल के ख़िलाफ़ भी आरोप लगेगा
मुझे हर ज़िन्दा व्यक्ति मुजरिम लगेगा!''

''उसके जवान दोस्तों को आने दो!''
एक के बाद एक कई लड़ाकू योद्धा आए
दुखी थे देखकर खून में लथपथ हीरो को
उसने जंग में अपने प्राण नहीं खोए
इससे भी बारत्सी के बेटे के घाव नहीं बहे

''छोटे बड़े , जवान बूढ़े सब दरबार में आएँ
पहले बारत्सी गाँव के सब लोग आएँ!''
हर किसी ने वहाँ पर आँसू बहाए

जवान मालिक को देखकर सबका दुख गहराया
लेकिन ज़ख्म से तब भी ख़ून नहीं आया

उसकी माँ और कुँवारी बहन को आ जाने दो
लड़की बाहर ही बिलखती रोती रही थी
माँ लिपटती थी उससे, उसे समझाने को
मृत शरीर कुछ भी महसूस नहीं कर रहा था
ख़ून अब भी वैसा था, काला निशान सा

''अन्त में बुलाना सुन्दर प्रेमिका को
गोपनीय पत्नी कुन्द आबिगेल को।''
चमक उठी आँखें, लगी टकटकी कटारी पर
जड़ गये पाँव, चेहरा बुत बन गया
और तब ज़ख्म से लहू बहने लगा

ना ही वो चीखी, न आँसू बहाए
उसने अचानक मग़ज़ को पकड़ लिया!
उस भयावह दर्द ने उसे चौंका दिया!
डर से जमी हुई नसों से दिल जम गया
''बेटी! तुम्ही ने इस जवान का कत्ल किया!''

डूबते हुए इस वाक्य को उसने दो बार सुना था
सुन कर वह धीरे से फुसफुसायी थी
बारत्सी बेनै को मैंने नहीं मारा
आकाश और उसके फ़रिश्ते गवाह थे
हाँ, लेकिन मैंने ही उसे कटार दी थी

''उसने प्रेम में मेरे दिल पर कब्ज़ा किया था
उसे मालूम था हमारे बीच सीमाएँ नहीं थी
फिर भी हमेशा मुझसे 'हाँ' कहने को कहता

अगर नहीं तो खुदकुशी कर लूँगा कहता—
लो ये कटार और मर जाओ मैंने भी कह दिया मज़ाक़ में!''

झपट कर उसने ज़ख्म से कटार खींच ली
उसकी आँखे अजीब रौशनी से चमक उठी
वो दीवानों की तरह हँसने और रोने लगी
और चील की तरह चीख कर भागने लगी
रोकने को उसको किसी की उँगली न उठी

वह खुली सड़क पर पागली सी दौड़ रही थी
उसे नाचने और गाने में कुछ शर्म नहीं थी
था उसका ख़ुशनुमा गाना—''एक थी लड़की
जो खेलती थी एक कुँवारे नौजवान से
जैसे खेलती हो बिल्ली चूहों से''।
(1877)

—इन्दुकान्त आंगिरस

और अन्त में

Epilógus

मैंने अपना जीवन जिया
ज़्यादातर सफ़र
पैदल ही तय किया
और कभी–कभार बस में।

देखी हैं गर्वीली बग्घियाँ
और उनके चमकीले धुरे, सजी सीटें
पर कसम से, कभी नहीं की मैंने ईर्ष्या।

मैंने नहीं की परवाह
कौन थे सवार उनमें
कौन साहब और कौन मैमसाहब
कैसी थी नाक–भौं उनकी फुटपाथियों की तरफ़।

अगर मिला मुझे कोई सज्जन धन्धेबाज़
और उसने मुझपर कीचड़ उछाल दी
मैंने नहीं की जिरह
रुक गया किनारे पर, और धो ली वह कीचड़।

तब फिर चला आगे
इधर और उस तरफ़ मिले

मुझे खिले हुए फूल
चुनते हुए उन्हें
मेरा दिल ख़ुशियों से भर गया।

मैंने अपना जीवन जिया
दिया नहीं उसने वह जिसकी अपेक्षा थी
बिन माँगे मिला बहुत
और जब चाहा तो मिला बहुत कम।

दिया पद—नाम बिना माँगे ही
ऐसा मशहूर नाम मैं जिसका हक़दार नहीं
चाहता अगर मैं यश
मन भर कर पा लेता।

जो लोग मुझे समझते है अहंकारी सिर चढ़ा
वही लोग मुझको ख़ुशहाल भी समझते हैं
और किसने देखी है ख़ुशी
ईर्ष्या के बिना?

गो मुझे अन्दर ही अन्दर खा रहा है एक रहस्यमय रोग
निरन्तर सन्देह मुझे
जल रहा मेरा ख़ून
यही है मज़दूरी उसकी।

कितना कुछ बकाया था
और कितना कम कर सका
वो भी आधा अधूरा
और न जाने कितनी आशाएँ छोड़ दीं।...

मैंने अपना जीवन जिया

थी जो इच्छाएँ दिल की दिल में ही रह गई
हो सकी न पूरी वो
वंचित होता रहा मुसल्सल।

थोड़ी निर्बन्ध शान्ति
जिसमें पनप सके गीत
चाही थी मैंने
पर टालती रही ये ज़िन्दगी साल दर साल उसे।

हरी शाखों की छाँव में बना शान्त घोसला
जो मेरा अपना हो
जहाँ मैं और मेरा छोटा-सा परिवार
और कभी कभी मेरी प्रेरणा।

है ये इच्छा मेरे बुढ़ापे की
जहाँ से मैंने शुरुआत की थी
हो ख़त्म वहीं,
चाहा बस यही
फिर पौधे रोपूँ, फिर करूँ निराई।

पर देर हो चुकी है अब बहुत
इन्तज़ार करती है आखिरी शान्ति
क्योंकि कैसे उड़े क़ैद से अब वो पंछी
पिंजरा खुले होने पर भी
जब कट चुके है उसके पंख
(6 जुलाई, 1877)

—हिमानी पाराशर

कविताओं पर टिप्पणियाँ

1. तोल्दी का प्यार Toldi szerelme 1879

तोल्दी का प्यार, तीन भागों वाले महाकाव्य तोल्दी का मध्य भाग है जिसे कवि ने 1879 में अथक प्रयास से पूर्ण किया। यह महाकाव्य का सबसे बड़ा भाग है जिस में हंगेरियन राजा लायोश के इटेलियन युद्धों का वर्णन है ओर तोल्दी लायोश की सेना में एक पराक्रमी योद्धा है। यह एक काव्यात्मक उपन्यास है जो कवि पुशकिन के *अन्येगिन* से मिलता-जुलता है। तोल्दी और पिरोश्का का प्रेम आधुनिक अन्तर्दृष्टि दर्शाता है। इस प्रेमगाथा में कई रोमांटिक मोड़ आते हैं।

महान हंगेरियन राजा लायोश (1342-1382) पिरोश्का के पिता बुजुर्ग रोजगोली को पसन्द करते हैं और उनकी इच्छा है कि तोल्दी का विवाह पिरोश्का से कर दिया जाए। तोल्दी पिरोश्का के स्वयंवर में भाग लेता है लेकिन अपने साथी लोरिन्त्स तार के कपड़ों में। पिरोश्का इस राज को जानती है लेकिन तोल्दी की उदासीनता को देखते हुए वह लोरिन्त्स तार से शादी कर लेती है। कुछ समय बाद शादीशुदा युगल तोल्दी को अपने घर आमंत्रित करते हैं। जब लोरिन्त्स तार, पत्नी पिरोश्का से दुर्व्यवहार करता है तो तोल्दी पिरोश्का के प्रति अपने प्रेम को अनुभव करता है और लोरिन्त्स तार को उसके दुर्व्यवहार के लिए प्रताड़ित करना चाहता है। तोल्दी पिरोश्का को उसके पति के घर से भगा ले जाना चाहता है। पिरोश्का इस प्रस्ताव के लिए मना कर देती है और अपने पति के जीवनदान के लिए तोल्दी से प्रार्थना करती है और उसे उसके क्षत्रिय धर्म की याद दिलाती है।

हमारे इस संग्रह में इस महाकाव्य के पाँचवे खंड से उद्धृत छंद 103–107 तक का अनुवाद प्रस्तुत है। इन छंदों को पढ़कर 11 वर्षीय अमृता शेरगिल ने सन् 1924 में एक वाटर कलर चित्र बनाया जोकि इस संग्रह का मुख पृष्ठ है।

2. विद्वान की बिल्ली A tudós macskája 1847

इस कविता में आरन्य की विनोदवृत्ति और विद्वान और चतुर नौकर पात्रों की भावनाओं को प्रदर्शित करने की क्षमता उजागर होती है।

3. करार Agio-világ 1850

सन् 1850 में रची गई इस कविता में असफल स्वतंत्रता संग्राम के बाद अपनी बेरोज़गारी और तंगहाली को वे हास्य रूप में प्रस्तुत करते हैं।

4. पतझड़ के दिन Összel 1850

सुरेश सलिल की टिप्पणियाँ : यानोश आरन्य की यह कविता दो सदी पूर्व के उस इतिहासकाल खंड से सन्दर्भित है, जब उनका देश हंगरी हताशा और पराजय बोध से ग्रस्त था।

इस कविता के शीर्षक में शरद ऋतु का उल्लेख है। शरद ऋतु यूरोप में पतझर, ऊब, उदासी और नीरसता के लिए जानी जाती है। उसी के रूपक से कवि ने अपने देश के उस नीरस, ऊब और हताशा भरे दौर को अभिव्यक्ति दी है।

होमर : महान यूनानी चारण कवि होमर ने , जिसका अनुमानित समय 9वीं सदी ई.पू. है, 'इलियद' और 'ओदिसी' नामक दो पौराणिक महाकाव्यों की रचना की। वह अंधा था और अपने वीरगाथा गान मौखिक रूप से सुनाया करता था। स्मृति में सुरक्षित उपर्युक्त काव्य बाद में लिपिबद्ध किए गए। होमर का काव्य स्वर ओज और औदात्य से समृद्ध था।

ओसियान : ओसियान आयरलैंड का पौराणिक–चारण कवि, जिसका काव्य स्वर, अपने देश के इतिहास के अनुरूप, उदास, नीरस और निराशा से आच्छादित था। ओसियान का समय अब तक सुनिश्चित नहीं किया जा पाया है। उन्नीसवीं सदी के पूर्वार्ध में ब्रिटिश कवि जेम्स मेक्फर्सन (1808) ने, कथित रूप से, ओसियान का अंग्रेजी अनुवाद किया, जिसकी प्रामाणिकता सन्दिग्ध है।

जुपिटर : यूनानी पौराणिकी में देवताओं के राजा के रूप में प्रतिष्ठित। रोमन पौराणिकी में उसे 'जुपिटर' के रूप में जाना जाता है।

यूनानी पौराणिकी के अनुसार, ओलिम्पस पर्वत पर ही देवताओं का निवास था और उस पर ज़ीअस का एकछत्र प्रभुत्व था।

5. घरेलू गुफ़्तगू Családi kör 1851

यह कविता आरन्य की लोकप्रिय कविताओं में से एक है। यह पितृसत्ता केन्द्रित कविता है। पारिवारिक दृश्य में एक किसान परिवार के सदस्यों की आपसी प्रगाढ़ता दिखायी गयी है। इस कविता में एक जख्मी सैनिक के जरिए कवि स्वतंत्रता संग्राम को भी उजागर करता है। परिवार के सदस्य किस प्रकार स्वतंत्रता संग्राम से जुड़े थे, विवाह के लायक लड़की और बड़ा लड़का जो कभी भी युद्ध से नहीं लौटा।

6. ये दुनिया A világ 1852

यह एक दार्शनिक कविता है जिसमें कवि ने रूपक कला को अत्यन्त सुन्दर ढंग से प्रस्तुत किया है।

7. वो भी क्या दिन थे Régi jó idöböl 1853

इस कविता में एक बुजुर्ग अपने आपको भालू की नज़र से देखता है और शिकायतें करता है। यह चरित्र पूरी कविता में बाखूबी निभाया गया है।

8. मूँछ A bajusz 1854

यह कविता विभिन्न दंतकथाओं पर आधारित है जिस में कुछ जिप्सी एक व्यक्ति को मूँछें उगाने के नाम पर ठगते हैं। यह एक हास्य व्यंग्य की कविता है जोकि आरन्य ने विशेष रूप से किसान पाठकों के लिए लिखी थी।

9. मात्याश की माँ Mátyás anyja 1854

यह कविता हंगेरियन इतिहास से संबंधित है। राजा लास्लो, यानोश हुन्यादी के बेटों से असन्तुष्ट थे। राजा ने बड़े भाई लास्लो हुन्यादी का कत्ल करवाया और छोटे भाई मात्याश को प्राग के जेल में डाल दिया। समकालीन इतिहासकार बोनफिनी ने मात्याश की माँ के द्वारा भेजे गए पत्र का उल्लेख किया है।

मात्याश की माँ यह खुश ख़बर देती है कि उसने खोजकर कुछ हल पाया है, मात्याश को रिहा करने के लिए। और वे अपने पुत्र से कहती हैं कि वह धैर्य से थोड़ा वक़्त प्रतीक्षा करे।

10. ज़ाच क्लारा Zách Klára 1855

इस कविता में हंगेरियन राजा रोबेर्त कॉरोई के कत्ल का वर्णन है और इसके प्रतिशोध में पूरे ज़ाच परिवार को मृत्यु के घाट उतार दिया गया था। सुरेश सलिल ने इस कविता का एक नौटंकी के रूप में रूपांतर किया है लेकिन घटनाओं का क्रम मूल रूप में रखा गया है।

11. ख़ामोश दुख Néma bú 1856

इस कविता में आरन्य ने अपने कई कवि मित्रों की मृत्यु पर गहन दुख प्रकट किया है जैसे मिहाय वोरोशमार्ती और यानोश गरायी ।

12. वेल्स के चारण A walesi bárdok 1857

वेल्स के चारण आरन्य का सबसे अधिक लोकप्रिय कथा गीत है। स्वतंत्रता संग्राम के बाद हंगेरियन शहीदों को याद किया गया है। स्वतंत्रता संग्राम के बाद हायनाऊ और बाख की सरकारों में भी दबाव बना रहा। आरन्य को युवा आस्ट्रीयन राजा फैरेत्स योजेफ की प्रशंसा में प्रशंसा गीत लिखने के लिए कहा गया था। आरन्य ने इस प्रस्ताव को ठुकरा दिया और इसकी जगह 'वेल्स के चारण' कथा गीत की रचना की। इस कथा गीत में सन् 1277 में वेल्स में हुई एक सत्य घटना का वर्णन है जिसमें राजा एडवर्ड ने वेल्स के पाँच सौ चारणों को मौत के घाट उतार दिया था क्योंकि उन्होंने राजा की प्रशंसा में गाने से मना कर दिया था।

13. अनन्त यहूदी Örök zsidó 1860

यह कविता देश-देश भटकते यहूदियों के बारे में है। इस कविता में यीशु पर किए गए एक मुक़दमे का सन्दर्भ है।

आरन्य ने इस घटना को एक आधुनिक कविता में ढाला है जिसमें यहूदी वर्तमान युग में क़ैद हैं और उन्हें इस क़ैद से मुक्ति नहीं मिल पा रही है।

14. गाथा मायावी मृग की Rege a csodaszarvasról 1863

इस कविता में राजा मैनरोत के दो बेटों हुनोर और माज्यार की पौराणिक गाथा का गीतात्मक वर्णन किया गया है। इनकी माँ का नाम ऐना है।

यह कथा गीत बुदा की मृत्यु महाकाव्य का छठा खंड है जिसमें हूणों और माज्यार जनता के सम्बन्धों को उजागर किया गया है। राजकुमार हुनोर हुणजाति का प्रतिनिधि है और माज्यार हंगेरियन जनता के प्रतिनिधि हैं। वे दोनों शिकार पर जाते हैं और मायावी मृग का पीछा करते हैं। वहाँ ये दुल और बेलार राजाओं की लड़कियों से मिलते हैं और उनसे शादी कर लेते हैं।

'लबों-लबों पर गीत है गूँजता' पंक्ति के माध्यम से कवि बताना चाहता है कि यह मौखिक कविता का रूप है।

15. ईश्वर की तलवार Isten kardja 1863

ईश्वर की तलवार, कहानी *बुदा की मृत्यु* के नवें खंड पर आधारित है। इसके लेखक फैरेन्त्स मोरा हैं। इसमें बुदा और ऑतिल्ला हूण के विनाश और मृत्यु के कारण दिखाए गए हैं।

16. मेरी जन्मस्थली Szülöhelyem 1865

इस कविता में कवि ने अपनी जन्मभूमि नाज्यसालोन्ता का वर्णन किया है। कवि उस स्थान की सादगी का आनंद उठाता है, उच्च सामाजिक प्रतिष्ठा प्राप्त करने के बाद भी उन्हें अपनी साधारण जन्मभूमि से प्रेम था।

17. तानपुरानवाज़ बुज़ुर्गवार Tamburás öregúr 1877

यह कविता उनके कविता संग्रह पतझर के फूल (Öszikék) से उद्धृत है। ऐसा लगता है कि कवि ने अपना ही जिक्र इस कविता में उकेरा है। आरन्य एक प्रतिभावान संगीतकार भी थे और उनकी कविताओं में सुर और ताल का अद्‌भुत सम्मिश्रण देखने को मिलता है। बुजुर्ग ('आधा बहरा और काना') पंक्ति स्वयं कवि-संगीतकार पर व्यंग्य करती है।

18. लोकगान Népdal 1877

यह कविता उनके कविता संग्रह पतझर के फूल (Öszikék) से उद्धृत है। इस कविता की संरचना कथा गीतों से मिलती है। कविता में कुछ यथार्थ तो उजागर होता है लेकिन पूरी कहानी छिपी रहती है जिसे पाठक की कल्पना से जोड़ा जा सकता है।

19. क़ातिल की शिनाख़्त Tetemrehívás 1877

यह आरन्य का एक सशक्त कथागीत है जिसमें उन्होंने जुर्म और सज़ा की जाँच की है। इस कविता की रचना मध्यकालीन कानूनी परम्पराओं के आधार पर की गई है। इस कानून के अनुसार जब अपराधी लाश के पास पहुँचता है तो लाश से खून निकलता है।

20. और अन्त में Epilógus 1877

इस कविता में कवि ने अपनी जीवन यात्रा का वर्णन किया है। उसने अपने रचना कार्य के प्रति असन्तोष भी व्यक्त किया है जिसे वह गरिमा के साथ ढोता है।

अनुवादकों के बारे में

इन्दु मज़लदान

इन्दु मज़लदान दिल्ली विश्वविद्यालय की सेवानिवृत्त अंग्रेजी की प्रोफेसर है। इन्होंने मूल हंगेरियन भाषा से हिन्दी भाषा में लगभग पन्द्रह पुस्तकों का अनुवाद किया है जिसमें एक कविता संग्रह है और चौदह गद्य संकलन हैं। इनके अनुवाद कार्य के लिए सन 2010 में हंगेरियन सरकार ने इन्हें 'प्रो कुल्टूरा हुंगारिका अवार्ड' से सम्मानित किया। इनके द्वारा किये गए नवीनतम अनुवादित उपन्यास 'राहगीर और चाँदनी रात का सफ़र' के लेखक सैर्बऔन्तौल हैं।

सुरेश सलिल

हिन्दी के समर्थ कवि, आलोचक, साहित्यिक इतिहास के गहन अध्येता हैं। इनकी कविताओं के पाँच संग्रह प्रकाशित हो चुके हैं। इन्होंने विश्व की कई कालजयी कृतियों का अनुवाद भी किया है।

इन्दुकान्त आंगिरस

हिन्दी के सुपरिचित कवि, लेखक एवं अनुवादक हैं। दो कविता संग्रह 'शहर और जंगल' एवं 'गजरे' के अलावा इन्होंने कई देशी–विदेशी कवियों कथाकारों की रचनाओं का अनुवाद किया है। हंगेरियन अनुवाद 'अभिनेता की मृत्यु' एवं 'हंगेरियन लोक कथाएँ' के अतिरिक्त 'घर का पता' एवं 'लिथुआनियाईन

लोक कथाएँ' के अनुवाद में सहयोग उल्लेखनीय है। इन्होंने आर्य अनाथालय, दिल्ली के बच्चों द्वारा रचित कविताओं की पुस्तक 'नन्हे मुन्नों की बड़ी चिन्ताएँ' का सम्पादन भी किया है। लेखन व अनुवाद के अतिरिक्त समाचार पत्र, पत्रिकाओं, रेडियो में भी सक्रिय रहे हैं। आजकल दिल्ली में स्वतंत्र लेखन, पत्रकारिता अनुवाद इत्यादि कार्यों में संलग्न।

हिमानी पाराशर

हिमानी पाराशर दिल्ली विश्वविद्यालय से हिन्दी साहित्य में स्नातकोत्तर कर चुकी है।

भारतीय अनुवाद परिषद से एकवर्षीय वाकसेतु स्नातकोत्तर अनुवाद डिप्लोमा किया है।

अब दिल्ली विश्वविद्यालय से हंगेरियन भाषा में डिप्लोमा कर रहीं हैं।

इन्दरप्रीत कौर

लगभग छह वर्षों से मीडिया में सक्रिय हैं। समाचार-पत्र, एडवरटाइज़िंग एजेंसी, रेडियो-टेलीविज़न, डिजिटल मीडिया में काम कर चुकी हैं। फिलहाल आकाशवाणी के दिल्ली स्टेशन में अनाउंसर के तौर पर कार्य कर रही हैं। भाषाएँ सीखने में विशेष रुचि है।

कुछ शब्द

यानोश आरन्य : कथागीत एवं कविताएँ किताब के ज़रिए हिन्दी पाठक पहली बार यानोश आरन्य के रचना कार्य से परिचित होंगे। यानोश आरन्य की कविताओं में समाहित कहावतें एवं पहेलियाँ हंगेरियन बच्चों के लालन-पालन का एक भाग रही हैं। मेरे लिए महत्त्वपूर्ण मौका और खुशी की बात है कि मैंने यानोश आरन्य की कविताओं को अपने दोस्तों और छात्रों के साथ मिलकर वैसा ही अनुवाद किया, जैसे मेरी माँ ने *तोल्दी* महाकाव्य को मुझे और मेरे भाई को सुनाया था।

मैं अपने हंगेरियन छात्रों, खास तौर पर अपने डिप्लोमा ग्रुप का शुक्रगुज़ार हूँ जिन्होंने यानोश आरन्य की कविताओं का भाषांतर और अनुवाद किया है। डिप्लोमा ग्रुप की हिमानी पाराशर को कार्य के हर स्तर पर भाग लेने के लिए, टाइप करने में और अनुवाद में भाग लेने के लिए धन्यवाद।

मेरे भूतपूर्व छात्र और कवि इन्दुकान्त आंगिरस ने अपने अनुवाद का काम हंगेरियन और हिन्दी काव्यात्मक रूपों को समझते हुए किया।

मैं बहुत खुश हूँ कि सुरेश सलिल, कवि और अनुवादक ने इस संग्रह में सात कविताओं को अनुवाद किया।

गिरधर राठी की मैं विशेष रूप से आभारी हूँ जिन्होंने यानोश आरन्य के संग्रह के बारे में अपने सुझाव दिए और भाषा एवं टाइपिंग की गलतियों को सुधारा।

नवीना और विवान सुन्दरम ने अमृता शेरगिल का 1924 में *पिरोश्का और तोल्दी* की मुलाकात के बारे में बनाया हुआ चित्र किताब के मुख पृष्ठ के रूप में इस्तेमाल का अधिकार दिया और 'इश्तिहार', नई दिल्ली ने डिज़ाइन बनाया, इसके लिए आभार प्रकट करती हूँ।

मैं अपने पति, अनिल भट्टी की उनके अनवरत समर्थन के लिए आभारी हूँ।

किताब का प्रकाशन 'विचरते हैं पक्षी, शाखों-शाखों पर/लबों-लबों पर गीत है गूँजता' परियोजना का भाग है, जिसके प्रकाशन हेतु हंगेरियन विदेश मंत्रालय के 'गेस्ट टीचर्स फ़ॉर हंगेरियन कल्चर' ने आर्थिक सहयोग प्रदान किया है। बलाशी संस्था के निदेशक डा. ज़ोल्तान विल्हैल्म ने परियोजना का हर स्तर पर समर्थन किया। इनके समर्थन के लिए मैं बहुत शुक्रगुज़ार हूँ।

—मारगित कोवैश

दिल्ली 20.11.2017

●●●